澤野雅樹

信じられる未来の規準

起死回生の読書！

言視舎

目次

第一章　どうして本を読まないのか？

1.　よくある風景から

変容　いつものように通勤電車に乗る。吊り革につかまると、目の前の座席には「午睡」という日本に固有の贅沢を満喫している乗客の姿がみえる。

どうやらわが国の名物と言ってもよい「眠り人」はまだ絶滅していない。朝でも夜でも一定数の「眠り人」は必ずいるものだ。

その昔は日本の眠り人を見て西欧からの訪問者はたいそう珍しがっていた。しかし、今や日本に在住する西欧人が電車でうたた寝する風景すら珍しくない。

眠り人の存在は日本の「安全神話」がまだ滅びていない証拠だろう。警戒心が解けているから、人だかりの中でもふつうに眠れるのだ。

治安の悪い国々のことを思えば、映画館の座席に大切な荷物を置き、お手洗いに行くという行為もにわかには信じがたい振る舞いだろう。貴重品の入ったカバンは、そこにあるけれども決して捨てられたわけではないし、「盗まれてもよい」とサインを送っているわけでもない。ただ、その座席が不在の誰かさんによってすでに占有されていることを示す目印に用いられているだけだ。映画館に入った誰もがそのことを（暗黙のルールとして）了解している。

大学や街の図書館に行けば、テーブルの上に読みかけの本やノートが開きっぱなしになっていることがよくある。バッグも置きっぱなしにして席を外す者たちの例にも事欠かない。貴重品もそのままにロビーで会話に花を咲かせる人たちもよく見かけるし、眠気覚ましに軽めの体操をしている人もいる。

ということは、安全神話の健在ぶりに加えて、かろうじて「読書人」という種族が生き残っているという証拠になるだろうか。

こんなことを言いたくなるのには訳がある。本を読む人がめっきり減ってしまったからである。そう、本書の主題は日本の安全神話ではなく、本を読むという行為の未来についてなのである。

ここに本好きが一人いる。図書館でやっと見つけた本を手にし、今、帰路についたところだ。電子化された定期券を改札のリーダーにかざし、階段を降り、プラットホームに立ったばかりだ。鞄に入れずに脇に挟んでいたから、待ち時間のあいだに本を開かずにいられなくなる。ハードカバーの本を胸の前で開き、ほとんど衝動的に読み始める。いい文章だ。期待したとおりかもしれないな。

電車が到着し、人ごみにまぎれて乗りこむ。早速、つづきを読もうと思い、本を開き、目当てのページを探ろうとするが、その手が不意に止まる。電車が速度を緩め、車両が揺れたのだ。おとなしく慣性の法則にしたがっているわけにいかないから、吊り革につかまった。そのときに周囲の光景に気づき、呆気にとられた。

本を手にしている人がいない。

「わたしは絶滅危惧種か?」

むさぼるように文庫本を読む人が以前はあんなにいたのに、いきなり絶滅してしまったのだろうか。半ば習慣化したマンガ週刊誌をパラパラめくっている人が視野のかたすみに入ってくる。膝の上に載せたファイル・ホルダーから書類の束を取り出し、資料らしき紙を忙しくめくる人もいる。手帳に記された細かい予定をチェックして、何やら必死に新たな予定を書き入れている人もいる。

嗚呼。何もかもがデジタル化されたわけではなかった。

しかし、彼らは少数派に属する。

数少ないアナログ派を束にしても敵わないほどの多数派が出現したのだ。少し前なら「携帯電話」と呼んでいたものに取って代わった「スマホ」なる機器を指先で撫でることに通勤時間のほぼすべてを費やす人々である。

誰かが「右へならえ」と言ったのか、「左へならえ」と号令をかけたのかはわからない。だが、座席に掛けている者たちは一斉に同じ姿勢でスマホのディスプレイに見入っている。左手に板状の機器を握り、右手人指し指で表面をなでさする人々が並んでいる。

スマホを持ったまま改札を抜ける人々の一群がいる。全員がうつむき、ディスプレイを眺めながら関所を抜けてゆく。さながら虚無僧の集団のように――。

奇怪なふるまい　もしも遠い宇宙から訪れた人類学者が彼らの生態を観察したら、どう思うだろうか。

地球人はみな長方形のプレートを片手に持ち、残る片手の指先でその表面を必死になでさすっている。プレートの表面を縦にさすったかと思えば、横にさすり、こっちになでなで、あっちになでなで――。

何に集中しているのか傍目《はため》にはわからないが、ある人物は眉間にしわを寄せて忙しくなでさすり、別のある人物は薄笑いを浮かべながら一定のリズムで上へ横へとなでている。別のある人物は細かく小さな動作を何度も何度も反復している。第四の人物は焦燥感に駆られて四方八方になでさすり、さながらアクション・ペインティングの巨匠のように複雑な模様を描いているようだ（実はメールの文章を書いているだけなのだが、宇宙人の視点からすると、どうやら前衛的な即興芸術の創作をしているように見えるらしい）。

ところが、彼らは直接的な快楽に耽っているのでもなく、アクション・ペインティングに挑んでいるのでもない。

多機能のハードゆえ、ニュースを読む者もいれば、小説を読んでいる人もいるだろう。しかし、本や新聞の代替物をスマホに求めている人はむしろ少数派である。大多数は指ではじくパズルゲームに耽るか、いわゆるSNSで知人とメッセージの交換をしている。前者は赤ん坊がちょうどガラガラをあてがわれ、おもちゃにあやしてもらっている状態であり、後者は昔ながらの井戸端会議に明け暮れている状態と変わらない。どちらにしてもひまつぶしにすぎない。彼らは機器に囚われ、過ぎ行く時間を浪費するか、よくて機器が供給する前近代的な人間関係の囚われ人になっている。

今、何が起きているのか。この社会はどこに向かっているのか。これからの人間はどうなっていくのか。その意味を「本を読む・読まない」を支点にして探ってみよう。

2. 孤独の回路の老朽化

独りの恐怖　何かが変わった。人の行動様式に根本的な異変が生じた。人々が本を読まなくなったこと、それが本書の出発点である。それによってどんな変化が生じるのか、または生じたのか。出版社の利益が減少し、出版物の市場が縮小する以外にはあまり大きな変化は生じないかもしれない。しかし、それだけなのだろうか。つまり、人が本を読まなくなったことで生じる帰結は、大多数の出版社が儲からなくなって、次々に潰れていくだけなのだろうか。たぶん、それだけではすまない。おそらく出版文化にはしばらくのあいだ厳しい季節がつづくだろう。ある程度の縮小はやむをえないが、出版という文化（と経済）が消滅することはない。すべての本が重要であるわけではないから、読んでも読まなくてもどうでもよいものは、次第にどうでもよい扱いを受けるようになるだろう。

くだらない本もたくさんある。しかし、必ずしもくだらないことは無価値というわけではない。くだらないものは、そのくだらなさゆえの需要があり、価値がある。ある人に有害と映るものにも、その有害と感じられるものに価値を見出す人があれば、それなりの需要が生じ、マーケットが生まれる。大型書店の全フロアをまわってみればわかることだが、人々が「知りたい」と思い、「読んでみたい」と手をのばし、「勉強しなくちゃ」と気合を入れ、「わくわく」する範囲は、実のところ途方もなく広いのだ。大型書店の多様な品揃えは、現代人の需要の拡がりを映す鏡のようである。もちろん、あなたが読まなくてもいいと感じる本だって置かれているし、そういう本が大量に売れているのかもしれない。何がたくさん売れ、何が細々としか売れないのかは、どうでもいい。大事なのは、どちらも等しく書棚に置かれ、必要とする読者の手にわたっていくことだ。

本というメディアに触れることは、テレビを見たり新聞を読むのとは確実に異なる特徴がある。テレビはリアルタイムの経験だ。ドラマを録画して後で見る場合でも、視聴時間を個人的な都合に合わせてずらすだけであり、放送日と放送時間をあらかじめチェックしていなければ見ることができない。新聞もわざわざ前の日のものを選んで読む人はいないし、そういう需要に応える販売店もない。ニュースというくらいだから、情報は新鮮なもの、いわば生もののうちに触れることに価値があると、みんなが認めているのだろう。

ところが本はちがう。たとえ待ちわびた新刊を読み始める場合でも、他のメディアに触れるのとはまったくちがう体験が広がるからである。テレビ番組や新聞報道は、他の大勢の視聴者や読者が同時（同日）に同じ情報に触れることを前提にしている。しかし、読書にはその種の同時性が含まれることはめったにない。一緒に大勢の人が同じ本を読んでいると感じて安心したり喜びを覚えたりすることは原則として、ない。『ハリー・ポッター』のように大勢の少年少女が発売日に一斉に購入し、物語に没入するとしても、体験の同時性を彼らが感じているとは思えない。どうしてなのだろう。

本を読まなければ生まれない経験の秘密がそこにはある。

一つは独りになれるということである。単に独りになるのではなく、なりたくてなる状態としての「独り」を獲得することである。独りであるという以上、それは他者との接点がない状態を意味する。そういう状態に自分から進んでなるときというのは、どういうときだろう。

何か無我夢中になって取り組みたいことがあるときだ。

先ほど例に出した『ハリー・ポッター』シリーズのように、ずっと待ち望んでいた新刊が手に入ったときはどうだろう。本を読んでいるとき、人は文字の向こうに広がる無限大の世界に没入している。マンガが好きな人は好きな作品をまとめて読み返すとき、同じように作品世界に没頭することがあるだろう。夢中になれる作品が特になくても、自分自身の想像力のなかに文学に匹敵する世界を構築し、そこで自由自在に遊ぶことができる人もいるだろう。何かを夢に描き、生き生きと描写して、あれこれ展開を楽しんでいるとき、人はまるで映画を観ているかのように周囲が見えなくなっているはずだ。模型を組み立てたり、絵を描いているときに時間が経つのを忘れ、空腹を感じて我に返って、食事を抜いてしまったことに気づく人もいるだろう。もちろん仕事に没頭して時間を忘れる人もたくさんいる。

なんであれ無我夢中になって時間を忘れるような体験は、誰にとっても奇跡のような時間である。そんな奇跡を可能にするものこそ、実は「独り」の時間なのである。現実世界の他者との接点が完全になくなり、日常のあれやこれやが背景に没するとき、人は自由の翼を羽ばたかせる。

しかし、現実のもろもろが想像力や感性を邪魔しているかぎり、そうした無限といってよい自由はやってこない。ヒマで死にそうな人にも、あの、わくわくする自由は訪れない。あの自由を取り戻すためには、周囲の人たちとのつながりを完全に忘れてしまわなければならない。あるいは、つながりを完全に絶ってまでも、そこに没入したい世界が存在しなければならないということである。

独りは、「ひとりぼっち」である。孤独であり、寄る辺ない状態だ。中学生のなかには——もちろん高校生や大学生のなかにも——、ひとりぼっちになるのが怖くて、電話機から離れられない人も多い。一瞬でもスマホを手放すのが怖くて仕方がない人たちのことを聞くと、私は「かわいそうだな」と思う。彼らは人とのつながりがなくなり、ひとりぼっちの深みに沈むのが怖くてたまらないのだ。たぶん、彼ら・彼女たちは孤独の効用を知らないし、ひとりぼっちゆえの自由も知らない。孤独になるところから始まる創造的な時間の使い方もまったく知らない。だから、彼ら・彼女たちにとって、孤独はきっと闇のように暗くて深いのだ。

そんな、かわいそうな子どもたちをどうすれば助けてあげられるだろうか。独りを恐れてはならないと言ってあげるべきだろうか、独りになることは怖くないと言っても、きっと彼ら・彼女たちには通じない。たぶん、その恐れているものこそ最も貴い宝なのだと教えてくれる何かに出会うことが必要なのだ。孤独が闇ではなく、光であり、途方もない創造性の源泉であることを知る機会さえあればいい。多くの人々を感動させてきた文学作品や、感嘆の声を上げるしかない美術作品の数々。それらは原稿用紙に向かい、キャンバスと向き合った孤独な者たちの手から生まれたものだ。学問における革新的な仕事や創造性あふれる理論もまた、寄る辺ない孤独のなかから生まれ落ちたものだ。もちろん、孤独でありさえすれば偉大な作品が生まれるわけではない。孤独は創造性にとって十分条件ではなく、必要条件なのだ。だから、いきなり深遠な思索やらオリジナルな発想やらがどうして生まれるのか、と聞かれても、答えようがない。しかしそういう傑作が生まれ落ちた素地にあるのが「独り」の状態だということは知っておくべきだろう。

孤独に対して、あまりよくないイメージがあるなら、そのイメージを払拭し、ポジティヴなイメージに転換しておかなければならない。孤独は創造の源泉であり、夢中になれる悦ばしい時間の素地である。そして、誰でもかんたんに独りになれる手軽な方法が、読書なのである。孤独との付き合い方の初歩と言ってもよい。最初から絵を描く方が好きだという人は、真っ白い画用紙を広げるところから孤独を手に入れる試みに入ってもよいだろう。読書であれ、模型作りであれ、それらをきっかけに作られるものこそ、人がもつことのできるもっともかけがえのない時間の一つなのである。

その上で言わなければならないが、読書がつくり出す孤独は、たぶん集団のなかで孤立することや、集団から排除されることを必ずしも含意していない。しかし、独りの状態を生きるという経験からしか生まれない力があり、その力は、きっと集団のなかの孤立を恐れないことや、集団から疎外されることさえも、場合によっては意に介さないでいられる強さにつながってゆくだろう。また、集団が一斉に流されてゆくその流れの強さに抗して一人だけ別の流れを作って生きるための秘訣をわずかながら与えてくれることだろう。この点は、あとで触れるとても大事な事柄につながっているので、そのときにあらためて考えてみたい。

都市化の副産物　それより、何がなんでも孤独を回避しようとする現代的な傾向の方が気になる。子どもから大人まで、いつからか、人は「独り」になることをいたずらに怖がるようになった。「独り」になることから生まれる自由を知らないまま、その自由を怖がり、小さな集団にしがみつくようになったようだ。仲間はずれにされるのがこわいのだろうか。一人になった途端、誰もいない空き地に立ち尽くすような気分になってしまうのかもしれない。一人になってまだ五分しか立っていないのに、そこが砂漠のまんなかで、どんなに声を張り上げても誰にも聞こえないように感じられたのかもしれない。

リチャード・セネットという社会学者は、都市空間という、互いに見知らぬ者たちがすれちがい、あいさつもしなければ目を合わせることもしない世界の誕生を素直によろこんでいた。村落共同体にあったような過度の干渉を避けて、集団から少しばかり身を引いて、それぞれの孤独を享受することのできるのは、とても爽やかなことなのだ。顔見知りの視線が四六時中そそがれているような共同体の親密さよりも、誰もが誰に対しても大して関心のない都市空間の方がすがすがしい空気を吸えるのではないだろうか（リチャード・セネット『無秩序の効用』今田高俊訳、中央公論社、一九七五年）。

人は誰にも干渉されない孤独のうちで物思いに沈み、たいそうなことを考える。「人生」や「人間」の意味、「存在」や「死」について。誰もが太古から賢者たちが考えてきた普遍的なテーマについて自力で考え、悩み、身をよじったものだ。大学に合格し、地方から東京に出てきて独り暮らしを始めると、やがて読みかけの本を鞄に入れ、映画館に行き、小劇場に芝居を見に行く。帰りに大型書店に立ち寄り、新刊と古典を手にとり、レジに並ぶ。そして帰宅し、買ったばかりの本をひもとく……。

いつの時代の話だって？　たぶん、そういう疑問が生じることこそが最も大きな問題なのだ。

近代化は個人を共同体から切り離し、「孤独」を創出した。都市は大量の人が集い、きわめて密度の高い空間を作り上げた。大量の人間が流れこんだがゆえに、その代償として見知らぬ顔ばかりが行き交うようになり、その結果、お互いがお互いに何の関心もない社会が出来上がった。家を出て、買い物に出かければ、大勢の人々が目まぐるしく行き交っている。ものすごい数の人間が衝突もせずにすれちがう空間に自分も身を置き、見事に誰にも激突しない芸当を披露する。しかし、誰も誉めてくれない。みんな、同じ芸当を実現しているからだ。すれちがう一人一人は挨拶もしなければ目配せもしない。各人がそれぞれの「孤独」を抱え、その孤独同士がぶつかり合って諍いになることもない。

それゆえ孤独は自閉化ではないのだ。

孤独は、共同体から個人を切り離すことで創出される新たな回路だった。この回路は別の人物に開かれるのではなく、普遍性に開かれる画期的な回路になっていた。本は独りの時空を創出するツールであり、このツールは普遍性につながる回路の入り口になっていたのだ。共同体に埋没していたら全く考えなかったような余計なことを考える回路がそこから広がっていく。しかし、その回路の誕生と全盛期については、先に「だった」と言ったように過去形で語らなければならないようだ。もうすぐ、近代のプレゼントだった孤独の回路は閉ざされようとしている。人がたった一人で街に出て、本を探し、舞台を眺め、ひとり映画館で表現と直接対峙し格闘するような時間は、次第に過去の遺物になりつつある。

個人や孤独は近代社会の最高の発明品だった。

近代は終わろうとしているのか？　それとも新たな時代が到来しつつあるのか？　いや、どうやら目覚ましく新しい時代がきたのではなさそうだ。近代に固有の、かけがえのない美点が今や絶滅の危機に瀕しているのだが、多くの人にとってはそれだけのことらしい。

3. 前近代化？

新たな村人たち　孤独のかわりに、人は再び共同体に全身を呑まれようとしている。いつも他者とおしゃべりし、たえず他者の目線にとらわれて生きることに同意しつつある。彼らは寝ても覚めても対人関係の網の目から逃れられそうにない。

個人の自律性を謳う時代は、昔日の夢になりつつある。近代の個人主義は、共同体の暑苦しさと湿度の高さを嫌い、さっぱりした孤独のなかに避難することを選んだ。それが「普遍性」や「真理」を志向する思考に必須の条件だった。個人主義が廃れ、消滅しつつあるのならば、今後はローカルで瑣末な真実が水泡のように浮かんでは消えてゆく時代になってゆくのかもしれない。

近しい人間との狭く暑苦しいお付き合いで終始する社会とは、考えてみれば、近代という短い時代をのぞけば、人間のあらゆる時代に息づいていた。

いつも一緒なのだ。使う言葉は狭い集団でしか通用しない隠語ばかりになる。かといって語彙が豊富になったかといえばそんなことはなく、用いられる単語の数はきわめて少なく、文章は極端に切り詰められ、まったく無駄がないか、すべてが無駄であるかのいずれかとなる。もはや言語を知のツールとして用いるような殊勝な動機は誰ももちあわせていない。「知」などという言葉はもはや存在しないも同然だ。文は真理に到達する手がかりとして用いられるのではなく、際限のないお喋りをつづけるためにのみ用いられるようになった。

原始時代から、ずっと人間はそんな関係に終始してきたのだ。文字を通して賢者の思考に触れ、世界の秘密に迫ろうとした近代人のほうが、実は異例だったのかもしれない。たぶん人間の世界はずっと同じだったのだ。

ちがいがあるとすれば、使われているのが最先端テクノロジーである点だけだろう。悲しくなるのは、わざわざハイテク機器を駆使して維持されているのが前近代的な井戸端会議でしかない点である。先端技術の結晶から自閉的な共同体が生まれ、人々はその適度にぬるく、適度に心地よい湯船に延々と浸かりつづけているのである。多額の通信料を支払って――。

しかし、時代錯誤のぬるま湯は、ぬるくて心地よい表の顔をもつ一方、案外、残酷な横顔をもっているかもしれない。なぜなら、共同体の閉鎖性は、成員の目を塞ぎ、手足を縛った上で全員を出口なしの牢獄に拘禁するからである。「外」への回路は「孤独」を経由してしか開かれない。「普遍性」への回路とは一度、共同体の外に出て、突き放した視線でそれを見つめなおすチャンスを経てからしか与えられない。しかし、一度でも扉を閉じて、背を向けてしまうと、扉がどこにあったのかすら皆目わからなくなってしまうのた。

閉じた共同体は「外」につながる回路を持たない。彼らは彼らをつなぐ絆でもって彼ら自身を縛りあげる。一度でもそうした相互監視状態に身を埋めてしまうと、そこから脱出することは不可能になる。関係網は広がるどころか狭まるばかりとなり、狭小な関係性の内部で互いの腕をつかんで離さなくなる。疑心と信頼が表裏一体になり、相互依存のすきまに不安と憎悪のしずくが一滴、また一滴と垂れてくる。関係はますます緊密になり、内輪のなかにさらに小さな輪をつくり、互いにそこから離れられず、誰ひとり脱けさせまいとしながら互いを拘束し合っている。

閉鎖的な共同体に閉じこめられるという点で、今、起きているのは「前近代化」とでも呼ぶべき哀れな現象である。しかし、前近代の社会では、四六時中、相互監視と相互拘束がつづくわけではなかった。夕暮れとともに人々は別れの挨拶を告げ、明日の朝、ふたたび同じ面子《メンツ》に会うというだけのことだった。

ソーシャル・ネットワークの場合、その当たり前の別れと再会ができない。「バイバイ」と言って別れを告げ、帰宅し、自室に戻ったあとでも機器を取り出し、ディスプレイをみれば、そこから再び閉鎖的な回路に接続することになるのだ。本来なら回路を開いて、他者とつながるはずだったのだが、そうするようにみえて実は回路を閉じ、狭い共同体のなかに監禁されるために機器を操作しているのである。

彼らは内輪の隠語を創造し、それを共有するだけではない。互いにすり寄る傾向（同化圧力）は考え方や感じ方にも及んでゆく。所属集団が同時に準拠集団となり、彼らは誰もが集団のメンバーの反応をうかがいながら、思うことや感じることを微調整し、全員一致の見解に収束させてゆく。お互いに思想を寄り添わせ、姿勢や態度をすり寄せ、真っ向から反対するような意見が決して出ないよう互いの顔色を伺いながら、軌道修正にもぬかりがないのだ。

こうなると、ネットはもはや集団の自閉化を促進するツールでしかない。

よく言われるインターネットと従来のメディアとのちがいを考えてみよう。従来のメディアにあった情報の送り手と受け手との明確なちがいがインターネットにはない。受け手が次の瞬間には送り手になり、情報の発信と受信が社会的な相互作用のようになるわけだ。しばらくは、そのよい点ばかりが強調されていた。すなわち、発信された情報を一方的に受信するだけの従来のメディアは、その方式自体が古くさくてダメなのだ、といった具合に。旧来のメディアの場合、受け手の側では、テレビのチャンネルを変えたりだとか、宅配する新聞を変えたりだとか、そんなことしかできない。チャンネルを変えたところで、送信される番組内容に影響を与えることはないし、新聞を変えたところで紙面が劇的に変わることもない。私が憤怒をこめてチャンネルを変え、新聞を床に叩きつけたところでテレビ局の編成方針や新聞社の編集方針が変わるわけでもない。その意味では、従来のメディアでは情報を選ぶことができない。私たちはその点を古いメディアのダメな特徴だと思っていた。

無知の原因　しかし、双方向メディアが発達し、チャンネルが無尽蔵にあるようなメディアに接してみると、受けとる情報の幅は広がるどころか、むしろ狭まっていく。

まず第一に、人は知りたい情報にしか触れなくなる。テレビや新聞には見たくない情報や読みたくない情報もある。いやでも流れてくるし、目に入ってしまうのだ。しかし、インターネットの場合は遠ざけておけば、あちらから近づいてくることはない。

第二に、人は知らないものに自らアクセスできない。ニュースを見ていたり、学校で授業を聞いたりしていれば、受け手のポジションに固定されるから、一方的に情報のシャワーを浴びることができる。その場に座ってさえいれば、テレビは勝手にニュースを流し、私たちは情報を浴びていられる。ところがネットの場合は、その情報がほしいと思わなければ、教えてくれないし、仄めかしてもくれない。あざとく介入してくるのは広告ばかりだ――メールに「死」という文字が入っただけで葬儀屋の電話番号が表示されるといった具合に――。些細な情報一つを得るにもアクセスという能動的な行為を起こす必要がある。こんなことだから、自分が知らないことについて知る方法がまったくないという悲惨な事態に陥るのである。原理的に言っても○○について知りたいと思うためには、すでにその○○を知っていなければならない。未知の○○が向こうからやって来ない以上、新たな知識が漸進的に蓄積し、新奇な知で好奇心が沸き立つという可能性も著しく低くなってしまった……。

第三に、人は関係が小さな共同体に限られ、内にこもればこもるほど、「外」に対する感受性が鈍麻し、第三者の目に対する警戒心も稀薄になる。ＳＮＳの急速な普及にともない、第三者の視線に対する感覚が鈍麻していることが明らかになった。他者の目に無自覚な「村人」が増えたのだ。子どもの内輪のおふざけが全世界に発信され、話題（ないしスキャンダル）になった事例は記憶に新しい。最初のきっかけは、テーマパークのアトラクションで大学生が嬉々としてルール違反をする写真だった。やがて「バイト・テロ」と呼ばれる、勤め先の企業の信用問題につながる写真の投稿が相次いだ。どれも友人やバイト仲間を想定して投稿したつもりだったのだろうが、間もなく内輪の問題では済まなくなった。素朴にも、みずから罪状を吐露した動画を自慢気に投稿するケースもあった。仲間内の内緒話のつもりだったのだろうが、結果は全国ネットのニュースやワイドショーで取りあげられ、新聞の社会面を賑わした挙げ句にお縄となった次第である。

たぶん彼らは「世界」というものを見失っていた。そして、彼らが見失ってしまったものの広さが、翻って彼らの生きていた世界の狭さを逆説的に物語っている。彼らの失態はそのまま彼らの生態のいわば「前近代化」を象徴していたのである。

4. 勝ち負けの簡単な時代――だが知的リソースは枯渇する

格差の因果　電車の例でわかったのは、本を読む人の極端な減少である。

人はめったに本を読まない。そのことを嘆きたいわけではない。嘆いたところで何も変わらないだろう。また、ここで私が嘆いたところで、嘆かれた当人たちは本を読まないのだから、私が何を言ったところで彼ら・彼女たちには影響しないだろう。

読書離れが一般的な趨勢だとしたら、そのことの何に注目して、いったい何を言えるだろうか。先ず第一に、嘆くことに意味がないのと同様、苦言を呈することにも意味はない。読書に興味がなく、本が嫌いな人の耳にはどんな苦言も届かない。読書の必要性をうっすらと感じている人であれば、苦言に「あ、耳が痛い」と感じるかもしれないが、その手の人たちにしても、痛い言葉はむしろ避けようとするだろう。だから、読まない人に対していくら「読むべし」と言っても無駄なのである。

二〇年前だって、ハードカバーの学術書を読んでいる人はまれだった。今や文庫本すら開いている人は少ない。新聞を講読しない家庭も増加の一途であるらしい。紙媒体の苦境を示す数字をいちいち挙げるまでもなく、活字離れの傾向はまぎれもない事実のようだ。

しかし、誰も本を読まず、新聞も読まないわけではない。読む人は相変わらず読んでいるし、常に情報を欲し、知識の不足を感じている層が確実に存在する。また、多くの情報リソースに触れている人ほど、情報が足りず、知識が足りず、時間が足りない、と思っているはずだ。

大事なのは、活字に触れない人と触れている人との間で、情報量に大きな格差が生じている点である。活字に触れ、旺盛に情報を摂取する人はますます少数派になる一方、ガンジス河のほとりにたたずむように大いなる停滞を生きている人たちは(当人たちはその自覚すらないのかもしれないが)圧倒的な多数派を占めるようになっている。この問題に関しては、全体論ないし一般論と、個別的なケースの両面からみておく必要がありそうだ。

第二点は、それゆえ情報量の格差の内実である。本が売れないという事実は、単純に本を購入する人が少なくなったことを意味する。買わなくなった代わりに公立図書館が繁盛していればよいのだが、地方の書店が次々に店をたたみ、図書館も整理統合の時代を迎えている。図書館によっては、せっかく蓄積した情報リソースを投げ捨て、定期購入する雑誌の数も減らし、蔵書数も減少傾向の一途を辿っている。高価な稀少本を焼却処分する図書館の例にも事欠かない。

それが何を意味するかといえば、この社会を支える知的リソースの漸進的な枯渇ないし貧困化である。リソースは、私たち個人を指す場合には、その人が生きていく上で役立つ知的な資源を意味する。エネルギー資源といえば化石燃料などを指し、食料資源といえば農業生産物を指す。社会を前進させ、次世代の文化を築いてゆくのは、知的資源《リソース》の総体にほかならない。その内容は学術的な知識に限られず、たとえば美術や文学にも広がる感性的・情緒的な資源を含みこんだ資源となる。今、日本では知的リソースの総体が漸進的に先細りの状態になりつつある。

本を読まず、テクノロジーに関心がなく、国内外を問わず政治に興味がなく、美術を観ないし、映画も観ない、音楽も聴かない。英語は苦手だし、数式は見ただけでジンマシンが出る。言い換えるなら、本屋にも図書館にも行かず、美術館にも足を運ばず、ＣＤは買わないし、映画館もすっかりご無沙汰のご様子だ。仕方がないじゃないか、スマホの通信料でバイト代がみんな消えてしまうのだから。どっちにしたって、大して面白いものはないし……。

SNS？　そんなに社交的（ソーシャル）ならば、人間に興味があるのかというと、そうでもないらしい。よく見かける光景だが、テーブルを挟んだ男女の二人連れが、相手の顔を見ずに、その近くに掲げたスマホを見ていることがある。せっかくのデートだというのに相手の顔を見ないで、スマホとデートしているみたいだ。話しもしないのなら、家にいればよかったのに。

文化の支え　こうして何ら文化的活動に触れず、「知らない」と「興味ない」という態度が大多数を占めるとき、私たちの文化は更新されなくなるばかりか、文化の担い手がいなくなり、大いなる停滞を迎えるだろう。

これまで日本の文化は、学術研究であれ、文学であれ美術であれ、果てはマンガや映画であれ、公的な支援は皆無に等しく、何もかもが個人的な情熱によって支えられ、また築かれてきた。国や政府は文化を育てるどころか、税という形でわずかな蓄えを絞り尽くし、多くの生産的な組織をつぶしたばかりか、多くの死者を出してきた。にもかかわらず、日本の表現者が一定の成功を収め、なんとか世代交代をしてきたのは、文化的な創造物を享受し、支援する「支え手」としての消費者の厚みがあったからだ。

知的リソースの先細り現象は、社会全体における文化産業の地位低下をもたらすばかりか、そのニッチ（生態圏）を狭め、先進性を喪失させるだろう。CDが売れなくなった頃から、ミュージシャンは音楽制作では生計を維持できなくなった。小説家も、もはや執筆だけで生計を立てられる者はごくわずかしか残っていないだろう。思想誌や文芸誌はもちろん、週刊誌やマンガ雑誌の売り上げすら次第に振るわなくなってしまった。文化のマーケット自体が猛スピードで小さくなり、やせ細っていくのを押しとどめることができない。

今やノーベル賞を受賞した研究者でさえ、意地と執念で研究を維持しているが、実際は、資金集めに奔走するだけで息も絶え絶えになっている状態だ。個人の意地で世界との競争をつづけられるのもそろそろ限界を迎えつつあるにちがいない。

すっかり稀少種となった人々、――本を読み、文化を担おうする絶滅危惧種が間もなく滅び、この国から文化というものが消えてしまうのだろうか、あるいは人々の感覚に変化が生じ、文化の担い手たちが復活し、再び国際的な競争力を取り戻すのだろうか。

私たちは決して悲観したくはない。しかし、楽観的でいられる要素がまったくないということも偽らざる事実である。

と、ここまでが、あまり喜ばしくない一般論である。悲観的な要素が行き渡っていて、手の打ちようがないように感じられる。しかし、悲観しなくていい。とはいえ、よい条件が何もないのに、どうして悲観しないでいられるのか。楽観的になれる道筋はどこにあるのか。それは悲観的状況の核心部にひそんでいる。明々白々な事実として。

今どきの大学生　悲観的な状況を体感できる場所が身近にある。学校だ。私にとっては大学である。

当たり前だが、大学には大学生がたくさんいる。便利なのは、尋ねさえすれば、大学生本人が現代の大学と大学生について雄弁かつ赤裸々に語ってくれるからである。

評論家や大学教授をはじめ、日本の大学について、厳しい言葉を言う人は以前から多い。勝手な不満をぶつけているだけのような批判も少なくない。多くの評論家は今も口々にこう言うだろう、

「大学は今や就職予備校でしかない！」

「大学生は全く勉強しない！」

本当にそうなのだろうか？　気になったので、目の前に集まった私のゼミの学生に聞いてみた、

「どうなの、本当にそうなの？」

「その通りですよ」

彼ら学生たちが口を揃えて言うには、評論家たちの言いたい放題の命題は、もはや否定しがたい事実なのだという。しかも命題の適用範囲は自分の大学に限られない。バイト先には他大学の学生もたくさんいて、色々な情報が飛び交っている。それらの話を総合すると、個々の学生の問題ではなく、特定の大学の問題ですらなく、少なくとも首都圏の大学全般について、例の命題は等しく「真」であるらしい。つまり、偏差値の高い難関校であれ、いわゆる底辺校であれ、いずれにして

も大学は機能不全に陥っていて、まともに勉強する学生は絶滅危惧種に近い存在なのだという。ゼミ生いわく、「勉強のために図書館に行くと言っただけで『珍しいねえ』と言われる」のだそうだ。それくらいの体たらくだから、私のゼミ生がリュックから分厚い本を取り出して読み始めるだけで友人たちは「真面目だねえ」と冷やかし半分で声をかけるそうだ。

今の日本では、本を読む大学生はふつうであるどころか非常に珍しい存在なのである。図書館に行って調べ物をしたり、卒論に磨きをかけようとする学生は、極めて稀少な種族になる。さすがに絶滅危惧種とまでは言えないが、徐々に生息域が狭まっているという点では、稀少種になりつつあることだけはまちがいない。

周囲の友人たちから「真面目だねえ」とか「頑張るねえ」と言われて、彼らはいったい何と返すのか。

「当たり前だろ!」

その言葉どおり、彼らは当たり前のことをしていた。

なぜなら、周囲の学生たちは当たり前の大学生のすべきことすらしていないのだから。

ここからは一般論ではなく、個別的な問題になる。そして、個別的な問題となれば、好き勝手なことが言えるし、誰でも自分で思った通りに行動できる。

つまり、こうだ。誰も本を読まず、誰も自分を磨かず、スキルアップしないのなら、「わたし」はいったいどうすべきなのか。誰もがガンジスのほとりで来世を夢みてぼうっとしているような停滞状態にとどまるのなら、「わたし」はなにをすればよいのか。どいつもこいつもクラゲが潮の流れに身を任せるように時代の波に揺られて漫然とただよっているというのなら、私はいったい今後、どういう状態にありたいと思うのだろうか。

誰も本を読まないのなら、ただ、ごく普通に本を読んでいるだけで、そこらに居並ぶ凡庸な連中から抜きんでて、簡単に優位に立ててしまうのではないだろうか。誰も何も知らないし、知ろうともしないのなら、知にアクセスしない手はないだろう。

今や「わたし」は大学生なのだ。受験勉強のときのように所定の科目を勉強して競争する必要はない。公務員試験を目指して、またぞろドッグレースのコースに入ってゆく必要もない。試験に次ぐ試験という悪循環に突入する道もないではないが、大学入学後の選択肢はそれほど狭くない。やれることは、いくらだってある。気になる事実を調べ、読みたいと思っていた本を手にとり、目に入ったポスターにつられて美術館に行けばいいのだ。そう、ごくごく当たり前のことを当たり前の範囲でするだけで、おのずと抜きん出てしまうのが今の大学生（のみならず社会人をも含めた日本人）をめぐる状況ではないか。

周囲の学生たち（同僚たち？）がぬるま湯のような対人関係に浸かって、延々と停滞状態にあるなら、狭小なネットワークを一部遮断するだけで、自動的に彼らから抜きん出る機会が生じるはずだ。その機会を少しばかり経済学ないし経営学っぽい言葉を用いて表わせば、――自己への投資を惜しむな、となる。

なぜなら、こんなに卓越するのが簡単で、たやすく勝ち抜ける時代はないからだ——ただし、日本人に限れば、の話となるが——。

反対に、ぬるい生活を定義すれば、本来は惜しむべきところに投資し（つまり散財し）、惜しむべきでないところに投資しなかった生き方を指すのではないだろうか。ゲームキャラを育てるのに大金を投じて数年を費やし、そのあいだ、自分はまったく育っていないといったところだろうか。

自己にかけるべきコストを真っ先にカットする者は、人生において享受できる喜びの範囲もそれだけ狭小になってゆく。彼らは自分の判断で停滞を選び、時間の波間をプランクトンのようにただよっているのである。つまり、新たな情報に触れず、知識を更新しない者たちは、ただ生きているという状態に甘んじるのである。自己へのコストダウン圧力は最悪の道につながっているのだが、クラゲたちの耳にその警告はとどかない。

文化や教養の語源には「耕す」という意味が息づいている。知識の獲得や増加、更新の営みによって自分自身を耕さない者は、自己を休耕地のまま放置しているに等しい。——もちろん、これも私なりの挑発である。

5. 自然に対する恐怖感

昆虫恐怖　さて、誰も彼もが孤独を恐れ、スマホにしがみつくようになる現象を前近代化と言うことができるなら、読書を契機に孤独を取り戻し、独りの価値を再発見し、脳内に知の遊歩道を造成することは、さしずめ再近代化とでも言えようか——近代化のやり直しと言った方がましなような気がするが、それはまあよい。とりあえず前近代化などと言ってはみたものの、新世代の若者たちが土をいじり、額に汗して森に入り、野生動物を追いかけ、平原を走るようになったわけではない。いわば温室のなかの前近代化である。

私が近頃の大学生をみていて、本気で嫌悪感を覚えるのは、小さな虫がうろちょろ動いただけで叫んだり、飛び上がって大騒ぎするからである。机の引き出しにヒキガエルが潜んでいたり、振り向いたらコモドドラゴンが身構えていたならまだしも、シロアリ程度の羽虫がテーブルにいたくらいで仰天して飛び上がるなど、愚行以外の何ものでもない。いたいけな女の子であれば戦略的な荒技として辛うじて黙認してもよいと思うが、身長が一八〇センチを越え、体重が軽く八〇キロは越えているだろう見るからにオスの大学生がTシャツの背中にカナブンがくっついているくらいで飛び上がって叫び、狂ったように疾走を始めるのである。もしもそれがカナブンではなくオオスズメバチであって、しかもTシャツの上ではなく、中であったなら、私も狂ったように服を脱ぎ、背中をシャツで叩いたかもしれないが……。

カナブンやバッタ、トンボなどは、昆虫の中ではまあまあ大きい方かもしれないが、実害はほとんどない。ところが昨今は地面でコオロギが少し動いたりしただけで、猛り狂ったように騒ぐ人をよく見かけるようになった。数ミリの虫を恐れて、唐突に飛びのいた女性に激突され、転倒しかけた経験が私には一度ならずある。「いくら虫が怖いからって、いきなりの体当たりはないよなあ」と思ったものだし、実際に痛かった。

そういえば、私はゴキブリを極端に毛嫌いする人もあまり好きではない。何が怖いのか理解できない。かれらゴキブリには鋭い角や牙があるわけではないし、大きなハサミもなければ、鎌も針もない。だから刺されないし、切られないし、咬まれもしない。毒があるわけではないし、血を吸うこともない。よく「きたない」とか「不潔」と謗られるが、挙げられた害悪はたいていが冤罪である。もっともらしく病原菌を媒介するなどと言われるが、実際に病原菌を媒介し、人が発症した例は過去に全世界で一例あっただけである。

名著『ゴキブリ大全』によれば、人間に対するゴキブリの被害でもっとも大きなものは、その家に食べるものが極端に少ない場合に限られるが、すやすや眠っている人にそっと近づき、まつ毛を食べたり、涙腺から分泌されるミネラルや水分を吸いにくることくらいだろう（デヴィッド・ジョージ・ゴードン『ゴキブリ大全』松浦俊輔訳、青土社、一九九九年。一八一―二頁）。嫌いな人にとっては顔面にゴキブリが乗ってきた上に、鼻水を啜られたり、まつ毛をむしゃむしゃ食べられるなんて、その光景を想像しただけで虫酸が走るかもしれない。だが、それとて気づいたらまつ毛が短くなっていたという程度のことでしかなく、命にかかわるような問題ではない。実害としては可愛いものである。

私には、昆虫を気味悪いと感じ、大袈裟に拒否の素振りをしてみせる近年の人間の振る舞いの方が昆虫よりもはるかに気味が悪い。スズメバチやムカデのように無闇に近づくべきではない生き物もいるが、大半の虫は恐ろしいものではない。幼い頃に「きたない！」「さわっちゃダメよ」ときつくいましめられ、不潔で危険な生き物として遠ざける習慣が出来上がったのかもしれない。しかし、感染症の病原体を運ぶ種は限られていて、イエカやハマダラカは確かに警戒を要する生き物だが、カブトムシやクワガタを無闇に恐れるのはまちがっている。生き物が媒介する病原体は、もちろん小さな昆虫に限らず、大きな動物にも数多い。日本では狂犬病はなくなったが、海外ではまだ現役の感染症だから、無闇に犬とスキンシップすべきではないし、また日本でもエキノコックスのようにキタキツネが媒介する危険な寄生虫が存在する。

しかし、リスクのある生物に無闇に触れないということと、昆虫一般を怖がることとはレベルがちがう。目にみえないバイ菌に対して、やたらと恐怖心を抱き、強迫症めいた行動に及ぶ人も少なくないが、そんな人にはこう言ってあげたくなる、「あなたのおなかの中には二キログラムほどの細菌が暮らしているみたいですよ」。その人の顔が恐怖でひきつったら、「でも、かれらが体内にいないと、私たちは食物を分解することすら満足にできないんですって」とつけ加えるとよい。海水一滴のなかに何万という種の生き物が含まれ、そのうちの大部分は新種だとも言われる。度を越した昆虫恐怖を克服し、ふつうに生きるためには、むしろ私たちの身体を含め、微生物にとっては大気中も海中も、おそらく地球の何もかもが環境になっていると心得ておかなければならない。私たちが大地の上に居を構えているように、彼らは地中に居を構え、森に暮らし、そして私の体内で活発に世代交代を繰り返しているのである。

水族館の怪物　温室育ちの昆虫恐怖症の反動というべきだろうか、虫を気味悪く感じる昨今の人々の感性を逆手にとって人気を集める生き物が話題になった。海に暮らすダンゴムシの一種、ダイオウグソクムシである。水族館に行くと、ベージュ色の巨大なダンゴムシが展示されている。オオグソクムシでも十分に大きい（おまけに、こちらは元気だ）。ダイオウグソクムシはほとんど動かないが、微かに動くので、かろうじて生きていることを確認できる。深海の謎めいた生物、ダイオウイカが大きな脚光を浴びたことも記憶に新しい。ＮＨＫのドキュメンタリー番組で放送されたその映像は、大きくギョロッとした目が印象的だった。サメの仲間でも深海に生きる者たちは不自然なほど目の大きい種が多いが、ダイオウイカの目も、彼ら独自の高性能なレンズを十分に活かし、乏しい光でも深海の様子を広くうかがっているものと推測できた。ダイオウグソクムシといい、ダイオウイカといい、日本人はよほど「大王」が好きなのかもしれないが、それはまあよい。ともあれ、従来は「好き」と言うだけで変わり者あつかいされていた動物たちが人を惹きつけ、多くの人に愛されているのは、なんだかとても嬉しくなる光景だった。

ダイオウグソクムシの人気は、絶食しているのに何年も生きているという、不思議な話題の記事がきっかけだった。断食の世界記録などというと、まるでフランツ・カフカの短編小説「断食芸人」の様相を帯びてくるが、あんなことで脚光を浴びたのはかえって可哀相だった。たぶんダイオウグソクムシに断食の趣味はない。むしろ活きのよいエサを分解する能力がなかったにちがいない。生物学の世界では長らく、古いタイプのクラゲは口が肛門を兼ねていると思われていたが、実際には単に食べ物が口に合わなくて、吐き出したのを排泄と勘違いしていたのだという。ダイオウグソクムシの断食も、おそらくは食べなかったのではなく、食べるに食べられなかった要因が別にあったにちがいない。ともあれ、色白の女性の肌を思わせるダイオウグソクムシに不思議な集客力があるのは、あの大きさと相俟って、生々しく、それゆえ、ややエロティックな魅力が感じられていたのかもしれない。

私も実物を見たが、もちろん水槽のガラス越しである。とはいえ肉眼で見る勇姿は、やはり本物の迫力があった。「かわいい」という歓声に近い声にまじって、「う、きもい。ダメ」という声も聞こえた。テレビ画面に映されたダイオウイカの勇姿の映像と同じく、水槽のガラスという、世界を隔てる敷居がたった一枚でもあるおかげで、かろうじて耐えられるリアルさだったのかもしれない。映画を観て叫び声をあげるのと同じく、ダイオウグソクムシに歓声をあげる人たちの反応を見るにつけ、彼らの感性が昆虫に大騒ぎする連中のそれを（私自身を含めて）克服しえたとはとうてい思えなかった。なにしろ、水族館のガラスは、こちら側（つまり人間の暮らし）を決して脅かさない証としてそこにあるのだから。そもそもダイオウグソクムシは、たとえ私たちの暮らしに干渉する気がないとしても、少しばかり大きすぎる。カナブンであれ、ムカデであれ、ガラスケースに入れられ、透明な隔壁の向こう側にあれば、「こわい」かもしれないが、同時に我がゼミ生たちも「意外にかわいいかも」と言えるようになるのだろう。

隔壁さえあれば、こわいものやキモいものでもすぐにかわいくなる。しかし、隔壁が突如、消えてしまったり、崩れてしまったらどうだろう。ワクワク、ドキドキしていた存在や事柄が、途端に恐ろしいもの、安全を脅かすもの、「内」に入ってくるべきではないものに変わってしまうだろう。

それが実は「外」の本質なのだ。温室に生きる二一世紀の前近代人にとって、視野に入らないもののすべてが突如「外」の力となって侵入する。内輪にいない第三者の視線、マスメディア、社会、自然、肉、物質、等々。

ガラスケースの向こうを少しだけ見てみよう。そのための扉（外に通じる窓ガラス）がきっと本書にとっては書物なのだ。

第二章　暴風雨の中の無風地帯

1.　勝つための読書

なぜ本を読まなければならないのか？　あなたの運命に横やりを入れようとする悪魔は、こう囁くだろう。周りを見てみろ、誰も本なんか読んじゃいないだろう。だから、チャンスなんだよ。よく見ろ、こいつらはネット以外に情報収集ができない腰抜けばかりだ。やつらは機械にあやしてもらっている赤ん坊にすぎない。だから機械から供給される情報のほかに情報があるのをとんと知らないと来ている。

彼ら現代の赤ちゃんたちがニュースサイトを1ページ読むあいだにスーパー・コンピュータは一〇〇億ページも読んだ上にそのまま正確に記憶してしまうんだ。だというのに、情報源が機械と同じじゃ勝てるわけがないだろう。

彼ら、つまり横並びの赤ちゃんたちを出し抜くのは実に簡単なことだ。彼らがアクセスしようとしないメディアがあり、それがスマホの外にあるメディアのすべてだ。もちろん紙媒体も含まれる。誰もが漠然と必要性を察知していながら、誰も読まなくなってしまった現在だからこそ、本を読む習慣を身につけるだけで、ひとのしないことをする機会を手に入れたことになる。

もちろん、本であればなんでもいいというわけじゃない。そのことには後で言及するとして、とりあえずは欲得ずくで読みはじめてもいいとしよう。

私たち研究者は、欲得ずくの読者のことを普通は考えない。金儲けの指南書を書いて金儲けしようと企む研究者だって少しはいるかもしれない。しかし、そういう先生は本当をいうと、金儲けがあまり得意ではない。だから、金儲けの本を書いて儲けようと考える。

だから、その手の本を手に取ったとしても、それで儲かるとは思わない方がよい。欲得ずくの動機がほんの少し満たされる程度で終わるだろう。とはいえ、そのような動機であっても、そこから別の志向性が生まれる可能性があるかぎりにおいて、ないよりはあった方が絶対にましなのである。

2. ある読者の逸話

読書人の年齢分布　リチャード・フォーティという古生物学者の名を一挙に有名にした作品に

『生命四〇億年全史』という本がある（邦訳、渡部政隆訳、草思社、二〇〇三年）。活字を追いながら、私たちは悠久のときを歩む生命の長大な営みを何度も脳裏に浮かべていた。絶滅した化石動物を頭のなかで動かしては感嘆し、巨大な生き物の足どりを再現しては溜息を漏らしていた。長大な年月を辿りなおしながら、同時に、あたかも私たちの人生が一瞬のまばたきのあいだに終わってしまうかのような怖い錯覚をも覚えさせられた。

続編に当たる『地球四六億年全史』をひもとくと、最後に「訳者あとがき」というコーナーがある。そこに読者カードをめぐる二つのエピソードが書かれていた。

先ず一つ目だが、読書カードの年齢分布について。訳者の渡部によると、「母数は二八八、年齢幅は一八歳から九二歳、平均は六一・八歳（中央値メジアン六三歳）だった。ちなみに一八歳は一名、九二歳は三名である」（五六一頁）。

中央値（メジアン）とは、全データを一列に並べたときに中央に位置する値であり、平均値とは異なる。ただし、データの分布が対称になる場合には、中央値が平均値に一致する。六三歳という中央値は、日本における読書人の高齢化を端的に物語るといえるだろう。

統計というにはサンプルが少なく、また読者カードという特殊な意味を帯びたものであるため、数字を深読みする気はないが、そこに記された年齢分布が日本の読書人口の内実を表わしていることは疑いえない。

日本のティーンエイジャーの「生命」の歴史に寄せる好奇心は九〇歳代よりも劣るようである。

九〇歳代の老人の三分の一！　今、日本の読書を支えているのは、リタイアした老人たちであり、彼らは今、仕事ではなく、知的貢献という形で日本の読書界をなんとか支えている。もちろん彼らはリタイアしてから読むようになったのではなく、はじめから読む習慣のある人々がリタイアしても現役の読者を続けているに過ぎない。最初から本を読まないし、興味もない人間がリタイアしてから読むようになるかといえば、そんなことは滅多に起こらない。したがって、彼ら老人の読者層が日本の知的好奇心の中核にある以上、彼らがこの世を去るのにともない、この国からは知的好奇心がまた一段と枯渇し、文化はさらに先細りすることになるだろう。

一枚の読書カード　さて、『生命四〇億年全史』の読書カードをめぐるもう一つの話であるが、私が取り上げたいメインの話題はこちらなので、じっくり読んでみよう。

「もうひとつ、『生命四〇億年全史』の読者カードにまつわる逸話を披露しておこう。カードを送り返してくれた読者の一人の住所を見て驚いた。東京の湾岸地区の一角の高架下とあったのだ。しかも、新聞の書評を読んで、空き缶拾いでためたお金で買ったとある。驚いて購入先の書店の住所を見ると、たしかに、記されていた住所（高架下を住所と呼ぶならば）に近い書店だった。この人は、いわゆるホームレス生活を送ってはいるらしいが、いたずらにゲームに浸る人たちよりも数段上の知的生活を送っている。活字を記した書物という媒体は、すごい力を秘めているといっていいだろう」(リチャード・フォーティ『地球四六億年全史』渡部政隆・野中香方子訳、草思社、二〇〇九年。五六一頁)。

人目を忍んで高架下に暮らす男性が『生命四〇億年全史』を読んでいる光景を想像するのは、どことなく気持ちがいいものだ。ドロップアウトした人が誰に語りかけるでもなく、ただ悠久の時に思いを馳せる。ゆっくりと本を閉じて彼は空を見上げる。すると西日が空を赤く染め、東には白く淡い月が青空を背景に浮かび上がり、ときおり雲のあいだに隠れ、また顔をのぞかせる。五億年前、三葉虫の全盛期には、太陽はもっとずっと小さかった。月は今よりも驚くほど大きかったはずだ。

高架下の男性は、夜空を見上げ、ひときわ輝く星を見つめながら、三億年前の巨大昆虫たちもこうして同じ夜空を見上げていたと想うのだろうか。数千万年前から渡り鳥たちが同じ空を見上げ、季節の星座を覚えて、渡りの目印にしてきたことに思い至り、笑みを浮かべるのだろうか。生命の長大な営みの連鎖を前にすると、人の成功や失敗などなんでもない。楽しかった人生も、悲しいばかりの人生も、はぜた泡のようなものだ。波瀾の人生も、紆余曲折の人生も、また偉大な功績を残した人の生涯も、何の取り柄もない人生であっても悠久のときの前ではどれも束の間の閃光と変わらない。人が「永遠不滅」と信じる堅固なモニュメントでさえ、数億年という時間の前では地層にして一センチの塵《ちり》にも満たないだろう。

悠久の時間とは、それを前にした途端に人間的な価値がすべて色あせ、意味を失い、どうでもよくなる次元である。しかし、そのような途方もない時間を相手に「知」の冒険を敢行できるのも人間だけだ。年数にして億という単位の広大な歴史の舞台に上がる生き物たちは、そこで壮大なダンスを繰りひろげ、やがて退場してゆく。歴史の舞台に現われては消える生命たちの栄枯盛衰の物語を知ることができた生き物は、人間のほかにいない。知るというよろこびは、それゆえあらゆる感情を呼び起こしながら、それらの感情のすべてよりも深いのである。

高架下に暮らす男性は、本を読み、人間に固有の「知る」という力を通して、人の世の狭小な価値の世界から脱することができたのかもしれない。空を眺め、悠久のときを刻む生命の歴史に思いを馳せているとき、悲しい身の上や、孤独な生活も長大な歴史に溶融し、寂漠感が知の喜びに溶けていったかもしれない。知の悦びもまた時間の無常な流れに呑まれていくだろう。宇宙や地球は、私たちの人間的な価値には無関心だが、にもかかわらず、知というフィルターを通すと、どんな悲しみも喜びもみな簡単に受け入れられ、身寄りのない者の生をも大いなる生命の連鎖に包み込まれてゆく。渡辺の言う「いたずらにゲームに浸る人たちよりも数段上の知的生活」とは、まさに世界を知るよろこびを知った者にしか享受することのできない生活を指しているのだろう。

その上で再度、こう問うてみよう。義務教育のおかげで識字率はおそろしく高くなった。しかし日本人は義務教育で授けられた能力を有効利用できていないのではないか。その嘆かわしい状態を「識字率の空洞化現象」と呼んでおこう。なぜ空洞化などと言われなければならないのか？　身につけたツールの利用法がわかっていないからだ。さらに——。

3. データの残酷

本を読まない人の増加　文化庁が二〇〇二年、二〇〇八年、二〇一三年の三回にわたって調べたところによると、日本人全体の読書量は予想どおりというべきか、確実に減少している。マンガや雑誌をのぞくと、月に一冊も本を読まない人の割合は、二〇〇二年が三七・一%、二〇〇八年が四六・一%、二〇一三年は四七・五%となっている。

各世代を見ると、一〇代後半と六〇代、七〇代を除く全世代で本を全く読まない世代が増えている。

一〇代後半について言えば、ほとんどが学生の世代であるから、みずからすすんで読んでいるというよりも、強制的に読まされていると言った方が適切だろう。どうしてそんなことがわかるのか？　私たちが強制しているからだ。大学の（および高校の）教員たちが懸命に良書を見つくろって教材に使ったり、レポート作成のために読むよう無理強いしているからである。彼ら学生たちが能動的に読み始めるようになる機会を作ったとまでは言えそうにないが、まったく読まないよりは強制的にでも読まされていれば、ときには読書への動機づけになることもあるだろう。つまり、読まない連中をあきらめるよりは、読むよう強制した方がよほどましだ、という姿勢である。

また、六〇代と七〇代の高齢者層をみると、元々読まない層が約半数を占めている。かすかに読書量が増えているのは、読書に対する関心が増したということ以上に健康状態の改善を含め、日本社会のいやます高齢化を表わしているだけかもしれない。

データを見ていると、読書への関心が増えたというよりも、外的な動機付けが想定される世代を除けば、ほぼ全世代にわたり、まったく本を読まない世代が増加している。特に如実に読まなくなっているのは、一〇代に続く世代である。二〇代と三〇代の大半は、もはや強制されない世代に属している。つまり、彼らは自分から能動的に動かないかぎり、本に触れることがない若者層に相当するのである。彼らの動向は悲劇的な様相を呈している。二〇代で月に一冊も本を読まない者の割合は、二〇〇二年が三一・三％、二〇〇八年が三八％、二〇一三年が四〇・五％となっている。三〇代はさらに深刻な様子を表わしており、二〇〇二年が二九・六％、二〇〇八年が四二・九％、二〇一三年が四五・五％である。アンケートに答えた人たちが正直であると信じ、なおかつ答えなかった層も同様の分布であることを信じた上で言わなければならないことだが、読まない層がなんとか五割以下にとどまっていたのが唯一の救いと言うべきだろう。

年収と読書量　数年前になるが、年収と読書量の相関性をうかがわせるデータがインターネットを賑わせた。直感的に信憑性を感じさせるものの、データの背後に見え隠れする価値観がみえみえで、どこかウソくさい印象を拭えなかった。たしかに大成功者と言われる人たちはみな読書人であり、なにも読まず、なんら情勢分析をすることなく同業他社を尻目に抜きんでるなどという芸当は不可能だろう。なので、もしも読書と年収の相関性が本当なら本書でも活用したいところだが、なにより疑わしく感じられたのは、あらゆる層から均等に回答を引き出せるような質問表の中身を（私が）想像できなかったからである。あるいは、そういう質問表が仮に作れたとして、具体的な回答者のイメージを想像できなかったと言ってもよい。何の疑問ももたず、むしろ嬉しい気分で回答したのが、いわゆる「勝ち組」の人たちだけで、自分が負け組になると勘づいた瞬間に彼らの回答する意欲が萎えたとしたら、質問票にあらかじめバイアスがあったことになる。積極的に回答した人たちが、そういう相関性を信じる人たちばかりであったなら、質問者のほしい答えがかんたんに手に入っただろう。そのように推測させた時点で、例のデータの信頼性はすでに損なわれていた。

そして、やはりというべきか、先日、ネット検索を掛けてみたら、今度は読書量と年収のあいだには何ら相関性がないというデータを見つけることができた。こちらも当然といえば当然だ。内容や傾向を問わず、なんでもかんでも、ただ読みさえすれば、それだけで他の人たちから抜きんでることなんて、できるわけがない。いわゆる経営者の大半は、内省的な読書家タイプではなく、外向的で、自分の勘と経験を無条件に信じるようなタイプだろう。いつも静かに本を読んでいるようなタイプの経営者は、たとえ成功するにしても分野が限られているのではないだろうか。いわゆるワンマン社長のイメージにしたがえば、ゴルフに出かけ、酒宴に繰り出し、あぶく銭をばらまきながら偉そうに振る舞う方が経営者には似合っているような気がしないでもない――時代錯誤的なイメージかもしれないが――。実際、有能な経営者であればあるほど、スケジュール管理に優れているだろうから、闇雲に本を読むよりも、読書に割く時間配分を考え、限られた時間のなかで必要なだけの情報収集に当たるだろう。

おそらく、これまでの社会のように自分が成功して、自社が儲かりさえすればよいという価値観のまま生きられるなら、右に挙げた幾つかの経営者イメージのままでも許容されるだろう。しかし、今後は他人も自分とおなじような文明生活を享受し、見知らぬ他者の文化も我々の社会と同じような幸福を手にしなければ、世界が立ち行かなくなる仕組みに変わりつつある。そのような時代の到来を前にして、今後も思考を放棄し、知識を侮って、目先の利益に飛びつくばかりの生き方を続ければ、へたをすると人類の自殺行為になりかねない。この厳しい認識の理由については、次の説で述べることにしたい。

取り敢えず、今、確認しておきたいのは、読書は金持ちになる道に通じているわけではないということだ。まったく通じていないというわけではないが、何も約束しないし、保証もしてくれないと言えばよいだろうか。我々の目下の問題意識は、その手の安易な動機づけを検討することではなく、ややちがうところにある。より残酷な事実と言ってもいい。識字率の空洞化現象に続き、識字率そのものの低下現象が生じ、日本の読者層の減少は、単に読まない層が増加しているだけでなく、読めない層の増加をともなって進行しているのである。日本人の識字率一〇〇パーセント神話は、すでに崩壊していた。貧乏人は貧困ゆえに本を買わないのではないし、単に本を読まなくなったのではない。まともに字が読めない子が増加しており、特に低所得者層の子どもに文盲に近い子どもが増えてきているという動かしがたい実態がある。

生活困窮家庭に育つ子どもたちのなかには、文字に接することなく成長してゆく子どもたちがいる。家族が生活保護を受け、就学援助を受けている子どもの数は、この十五年間で倍増している。このことは、日本における格差問題の内実に変化が生じていることを物語っている。周辺諸国は経済的なパイが変わらないのに人口増加が止まらず、貧困層の拡大を止められない形になっているが、日本の場合は少子化しているにもかかわらず、貧困の質が深刻化しながら貧困層の拡大を止められないでいる。

ならば、エリート層はどうかというと、生涯学習の比率における国際比較でも日本は最低レベルにとどまっている。そのことが物語るのは、若年層は命じられた勉強はするけれども、それだけで終わってしまうということだ。彼らは受験までの向学心をその後、維持できていない。だから、受験参考書まではじゃんじゃん売れるけれども、大学入学のために身につけた知識はその後、ツールとして使えていない現実がある。

ガジェットの考古学　スマホが流行する前にガラケーなる携帯電話が流行っていた。日本独自の規格で作られた端末で、国内の過当競争に明け暮れるあまり、当時の国産メーカーには世界がまったく見えていなかったと言われる。世界標準のシステムを構築するなど、思いも及ばなかったのだろう。つまり、携帯電話がガラパゴス化した末にボロ負けしたのは、携帯以前に企業家の頭脳がすでにガラパゴス化していたからなのだ。

この種のガラパゴス化はいたるところで起きている。例えば少子高齢化だ。日本の大学はこの数十年間というもの、少子化のピーク到来を想定して、いろいろな対策を練り、改革を急いできた。もう少しはっきり言えば、日本中の大学が志願者集めに躍起になっていたのだ。大学進学率はすでに五〇%を超え、頭打ちの状態にあると言われる。いわゆる「全入」時代の到来とも言われ、誰でも望めば大学に入れるようになったが、それでも五〇%を大きく超えるのを望めそうにないのは、はじめから進学をあきらめた層があるからだ。特に経済的な理由によって教育機会を奪われている子どもの場合、高等教育への扉ははじめから閉ざされていると言っても過言ではない。それでも全入時代は到来し、いわゆる有名大学（または難関校と言ってもいいが）に入るのは相応にむずかしいかもしれないが、名前にこだわらなければ誰でもどこかしらの大学には入れるようになった。

以前は受験戦争という言葉が頻繁に用いられ、年末年始のニュースでも、「必勝」と筆書きされた鉢巻きをまいて、塾や予備校で必死に勉強する映像が流されたものだ。今や、戦争という語は、やや仰々しく感じられる。大学への進学が普通になったからかもしれない。しかし、にもかかわらず、相変わらず大学進学が勉強のゴールであるかのような困った空気感がある。かつて高校生の受験勉強が激しかった頃なら、大学時代くらいは羽を伸ばして人間に磨きをかけるのがよろしい、などと老教授が言っていたものだ。だが、今の大学入学者の学力は、かつてよりも確実に落ちている。

にもかかわらず、大学生のあいだに不足分を取り戻して遅れを挽回することもない。むしろ以前よりも勉強しなくなり、本を読まなくなり、日本語の読み書きも年々ままならなくなっている。たぶん、大学に簡単に入れるようになることで、大学生の気分はますますぬるま湯に浸かるような具合になっているのだろう。

いうまでもなく、少子高齢化も、大学の定員割れも、また大学生のぬるま湯生活も、すべて日本だけの特殊事情でしかない。

この特殊事情がいかに「井の中の蛙」であるかを次節で見てみる。

4. ティッピング・ポイント

海外の進学熱　今、手元に『Tipping Point for Planet Earth』という本がある。「ティッピング・ポイント」とは、後戻りのできない転換点を意味する。その一点を飛び越えてしまうと、後ろを振り向いても帰り道がなく、折り返し点も見つからない。そういうポイントである。

日本の総人口が増から減に転じたのは、意外なほど最近のことで、二〇〇八年のことだった。増え幅は漸進的に小さくなっていたが、二〇〇七年までは「減」に転じるところまで達していなかった。少子高齢化が叫ばれて久しいが、「増」の勢いがここまで維持できたのは、もっぱら高齢化の波が大きかったためである。

言い換えるなら、少子化のペースが高齢化の勢いをようやく捕らえたのが、二〇〇八年のことだったのだ。ならば、実際には「増」だったけれども、その背後で進行していた潜在的な「減」はいつから始まったのか？

女性が生涯に産む子どもの数を合計特殊出生率と言う。その値が二を僅かに越える程度の値をとると、現在の人口を後続する世代が置換し、総人口は均衡する。日本の場合、合計特殊出生率が一九六一年に初めて二を割り込んだ。つまり「人口置換水準（英語のほうがわかりやすくreplacement valueという）」を初めて下回ったのが一九六〇年代のことだった。一九六六年に「一・五八」という記録的な数字を叩き出すが、この年の特殊性はいわゆる「ひのえうま」ということで出産が積極的に避けられたというのが正しい評価だろう。以降、多少の揺り戻しをともないながら、二・〇をやや上回る水準を維持していたのだが、一九七五年に再び二・〇を下まわる値、一・九一を記録すると、以降は二度と人口置換水準を回復することはなかった。

日本は一九七五年以降、社会として同一サイズで存続するのではなく、ダウンサイジングへと舵を切ったことになる。以来、特殊出生率は漸進的に減少傾向をたどり、二〇〇五年には一・二六という史上でもっとも低い値を記録している。その数字は世代交代による人口の減少分が四割に迫る勢いとなったことを物語る。しかし、一九七五年から続く少子化傾向が表面化し、潜在的な「減」が現実の「減」に転じるのは、実に二〇〇八年を俟たなければならなかった。今、我々のいる二〇一〇年代の合計特殊出生率を見ると、最低水準から僅かに盛り返し、一・四をわずかに越える値を辛うじて維持している。

とはいえ、この状態では、大学の経営陣が焦り、学生集めに躍起になり、次々と手を打ちたくなる気持ちもわからないではない。


先進国のいくつか、たとえばフランスやスウェーデン、デンマークなどは総人口だけでなく、合計特殊出生率についても「増」に転じた。日本と同じく、人口減で頭を痛めている国は多く、先進国ではアメリカとドイツがそちらに含まれるが、もちろん日本ほど深刻ではない。

とはいえ、同じく少子化傾向をゆく国として、アメリカの大学をめぐる状況は日本とはずいぶん異なっていて、考えさせられることが多い。『Tipping Point for Planet Earth』の著者たちは、彼らの家にほど近い難関校、スタンフォード大学を例に出し、二〇一三年度の志願者数三万九千人のうち、入学を認められたのは全体のわずか五・七％に過ぎなかったという。二〇一四年度実績では、志願者数四万三一六七名のうち、合格者は五・一％と、さらに悪化している。四〇年前の一九七〇年代をみると、志願者数は九八〇〇名で、合格者は二二％くらいだった。明らかに志願者が急増しており、その流れが止まらなくなっている。著者たちは、この「受験戦争」という言葉が似つかわしい傾向について、「これはトップクラスの大学に限られたことではなく、世界的な傾向（グローバル・トレンド）なのだ」と述べている（Anthony D. Barnosky and Elizabeth A. Hadly,"Tipping Point for Planet Earth : How Close Are We to the Edge?", Thomas Dunne Books, 2015.pp.37-8.）。

人口が増加に転じたヨーロッパなら、もっと話がわかりやすかったにちがいない。学費は無料だし、若年層の人口が増えているのだから競争は激しさを増す一方になりそうだ。ところがアメリカの大学は、日本よりもはるかに学費が高く、しかも日本と同様、人口減にギアを入れ換えたはずだ。にもかかわらず、大学進学が加熱しているのは、大学の規模や数が変わらない状態で志願者だけが増大していることを意味する。

ちなみに一九七〇年代の志願者数九八〇〇名の二二%を計算してみると二一五六名となり、二〇一三年の志願者数三万九〇〇〇名の五・七%では二二二三名となって、志願者は四倍にふくれ上がったが合格者は微増にとどまっていることがわかる。二〇一四年の志願者数四万三一六七名の五・一%は二二〇二名となっている。単純に競争率だけでいえば、四〇年前の五倍弱から約二〇倍に増えているのだから、日本の大学関係者から見たら羨ましいかぎりだろう。しかしながら、競争率が二〇倍を越えるということは、志願者の九五%が門前払いにされることを意味する。となれば、受験戦争まっただなかだった頃の日本と同様、アメリカでも模擬テストの結果を基準に志望校をランク別に並べ、どこかにもぐりこもうと考えるだろう。実際にアメリカの高校生たちも「リーチ」「ターゲット」「セーフティ」の3グループから各々志願校を選ぶのだという。

イメージとしては、リーチが「もう少しで合格圏内」、ターゲットが「合格圏内」、セーフティが「合格確実」という感じだろうか。ランク別に受験する大学を絞るのは賢明な選択だが、大学全体のパイが増えていないなら、進学希望者たち全員の希望が叶えられることは望めそうにない。募集人員が四〇年前と変わらずに志願者だけが単純に増加すれば、トップクラスの大学だけでなく、各ランクの大学でも軒並み競争率は激化することになる。そうなれば、結局はどこにも合格できず、行き場のない挫折組の若者を大量に生み落とすことになるだろう。

著者であるバーノスキーとハドリーは、一見すると大学関係者には歓迎だが、若者たちには災難ですらある現行の傾向について、アメリカは「まだましだ」と指摘する。インドの最難関校であるインド工科大学（The Indian Institute of Technology）には五〇万人もの志願者が殺到するが、合格するのはたった二％だという。二％というと、針の穴を通すほどの少数というイメージだが、母数が多いから二％でも一万名ほどの合格者が出る計算になる。問題はむしろ不合格者の四九万人である。デリーに位置するシリ・ラム商科大学に至っては、二万八〇〇〇名の志願者に対して、合格者をたった四〇〇人しか出していない。合格率はたったの一・四％である。不合格者は九八・六％にのぼる。「一握り」という言葉でも足りないくらい競争は激しく、なおかつ願いの叶わない者の数が多い。

どうして、こんなことになっているのか？　誰もが負け組になんかなりたくないからだ。言い換えるなら、少しでも豊かな暮らしをしたいと思っている人が多いからである。よい仕事を勝ち取るためのスタートラインに立たなければ、きっと話にもならないのだろう。大学に入り、スキルと資格を身につけ、大卒の切符を手に入れて、最善の形で社会に飛び立ちたいと考えているのだ。みな、そのために必死になって頑張るものの、大半の人々は挫折し、社会に拒絶される。志願者が増えたところで、全員の願いを叶える措置を採れなければ、挫折者が減ることもない。新設大学を作り、新学部を設置しようとしたところで、志願者増の勢いに追いつくだけの人材や設備を確保できなければ、大学としての体裁を整えることができない。となれば、挫折した者たちの多くは、高等教育に触れる機会すらないまま、エリートどころか、「その他大勢」と同じ労働市場に身を投じ、将来をあきらめるしかないのだろうか。

人口爆発　背景にあるのは、人口の増加である。アメリカが少子化の傾向にあることは指摘したが、日本のような極端に低い数値ではなく、二・〇をやや下回る程度、ほぼ一・九である。一九九〇年代から二〇〇〇年代は二・一近くを維持していたので、人口置換水準（人口が変わらずに世代交代できる水準）に近いところに位置づけられる。二〇一〇年代は、この、わずかに増えていた世代が大学進学を望んでいることになる。とはいえ、人口置換比率のとおりなら志願者数も横ばいになると予想されるが、実際にはそうなってはいない。そこにはアメリカの大学に入学を希望するのはアメリカ育ちのアメリカ人だけとは限らない、という事情がある。バーノスキーとハドリーはこう指摘する、「スタンフォードのような大学への志願者が四倍になったのとほぼ同じ期間に、世界人口も（一九七〇年の三七億人と比較して、二〇一三年は七一億人と）二倍になっていたのだ」。その急増する人口が高等教育を求めてアメリカに流れてきていると考えればよい。英語教育は世界的に普及しているから、心理的な障壁は他の言語に比して相対的に低く、なおかつ世界一の経済大国であり科学技術大国でもあるから、入れるものならアメリカの大学に入りたいというのは心情的にもわかる。しかし、大学の規模が志願者の数に応じて変わるわけではないから、希望通りに事が運ばないのも見やすい道理だろう。結局のところ、高等教育の需給問題に対する解決策に社会が取り組めていないこと、これが一番の問題と言えそうだが、実のところそれは一番ではない。背景にある人口問題が第一の問題にほかならないからだ。

バーノスキーとハドリーは、二〇世紀初頭の世界人口を二〇億人と推定し、人類の総人口が一〇〇〇万人から二〇億人に達するまでに数千年の時間を要したにもかかわらず、二〇億人の三倍半にのぼる七〇億人にまで達するのにたった一〇〇年しか要さなかったことに驚きを隠さない。彼らの予測では、二〇五〇年までに世界人口は九〇億人から一〇〇億人に達し、さらに二一〇〇年までには二七〇億人になるという（Barnosky and Hadly, pp.34-5.）

おそらく、彼らの未来予測が的中すれば、まちがいなく、やってくるのはこの世の地獄である。ことわっておかなければならないが、バーノスキーとハドリーは単に人口増の勢いを嘆いているのではないし、私たち読者を脅かしたり、絶望させようとしているわけでもない。彼らは人口爆発の問題に高等教育の問題をからめて語ろうとしている。たぶんそれは、たまさかの相関性のためではない。人口爆発をくい止める唯一の手段は教育であり、教育設備の充実および教育機会の増加をのぞいてほかにないからである。貧困問題を解決し、教育機会が増大したところでは、ほぼ例外なく合計特殊出生率が人口置換水準の近くに落ち着くという相関性がみられる。この相関性を裏返すともう一つの相関性が得られる。つまり、人々が極貧の状態にとどまり、教育機会に恵まれていないところほど、人口爆発の勢いが大きく、低下する様子が一向にみられないということだ。そういうところでは女性はおろか子どもの労働力を減らして就学機会を与えるだけの余裕もない。

人口と教育という二つの要素の相関性ないし法則性が普遍的であるとすれば、人口問題の処方箋は明白である。ただし、今すぐ策を決め、大々的に実施したとしても、二重のいたちごっこになるのを覚悟しておかなければならない。一つは貧困問題を解決し、学校を建設して人口爆発をくい止めるのが早いか、それらの措置が間に合わず、人口爆発の様子を指をくわえて眺めているほかなくなるのか、というイタチごっこである。もう一つは、貧困や教育機会の欠如という悲惨な状態を放置しておくことで利益を得る勢力があり、それらの勢力が解決の努力を妨害するのか、またはそれらの勢力を生み出す温床となっている問題をも一緒に解決するか、というイタチごっこである。実は後者のゲームも一皮むけば第一のゲームに形を変えるようになっており、結局のところ有効な策としては貧困問題と教育問題を同時並行的に解決することにしか収束しないだろう。

仮に問題の解決に成功し、合計特殊出生率が人口置換水準に落ち着いたとしても、何もかも解決したわけではない。戦乱や紛争がなくなり、社会が安定すれば、高齢化が進み、人口の構成が変わってゆく。日本の少子化が本格化したのは一九七五年だったが、総人口が「減」に転じたのは三三年後の二〇〇八年だった。同じ現象が起こると考えれば——あるいは同じリズムでなくとも、日本よりも少子化が穏やかで、なおかつ福祉・医療の充実が遅れるならやはり同じテンポになるはずだ――、今すぐ世界で一斉に問題が解決しても、「減」どころか「横ばい」に達するのが、やっと二〇五〇年という計算になる。そのとき人口が仮に一〇〇億を越えてしまっていたなら、はたして人類は幸福な暮らしを維持できているのだろうか。もしもそのとき、ヒトのバイオマスが地球の食料供給能力を凌駕していたとしたら、今すぐ実行しても遅すぎたことになりはしないか。そのときに判明するのは、すでに二〇一六年の私たちがティッピング・ポイントを越えていて、人口のギアを図らずもトップに入れていたという事実である。

コスモポリタン　バーノスキーとハドリーは、二〇一五年現在の総人口が食料資源をすべて喰いつくすことなく、長期にわたって安定的に人類を養おうとするなら、少なくと地球が一個半は必要になると述べている（p.57）。二〇二〇年には地球が二つ必要になり、三〇年になると少なくとも三つは要るという計算になる。現在でも、平均的なアメリカ人並みの暮らしを全世界の人々が享受し、なおかつその暮らしを今後も続けたいという場合には、最低でも地球が五個は必要になるそうだ（p.58）。そうなると、ふつうのアメリカ人並みの暮らしを全人類がするには、今でも地球が七・五個（五個の一・五倍）必要になるということになり、あくまで平等を期すなら二〇三〇年には一五個の地球が要ることになる……。

もちろん、人口増の話は外国にかぎった他人事ではない。この世界に起きている話であり、私たち自身の問題であり、私とあなたの未来がかかっている話である。おそらく、ここで取り上げていない問題も深いかかわりをもつ。たぶん人口問題に食糧問題が絡みつくだけじゃなく、農耕問題が俎上にのぼり、となれば水資源の分配問題もからみつき、さらにはそれらをエネルギー資源と気候変動の問題が包み込む。こうしたすべては喫緊の問題であり、地球に生きている者すべての今後にかかわる切実な課題である。そして、これらの問題に対峙するとき、私たちは否応なく「コスモポリタン」になる。

コスモポリタンとは「国際人」の意味だが、ここでの意味は「英会話ができる」とか「あの国に行ったことがある」といった自慢話ではなく、自分の態度や行動を世界の未来や人類の行く末を考えながら決定する視野をもてるかどうかにかかわっている。

さて、こうした問題の大きさと根の深さに戦慄し、本当に解決策があるのだろうか……と訝しみながらも、私たちは、先進国の首脳たちが本気になり、途上国の貧困と教育がペアになった問題の解決に向かって行動を起こすことに期待を寄せて、声をあげるしかない。

というのも、ほかの道はもはや残っていないからだ。

教師としての経験上、少人数の授業で、人口爆発の問題に触れながら、学生たちに解決策を聞くと、辛抱強く思考を継続させることに耐えられなくなるのか、間もなく「殺す」とか「見捨てる」といった乱暴な意見に行き着くことがある。

経済成長が低調になり、失業率が高まると、なぜか不満を弱者に向けるようになる人が少なくない。経済の低調とは無関係な障害者を敵視する姿勢には、通常、こじつけめいた理屈がともなうものだ。たとえば、生産性のない弱者が無駄に国の予算を食っているとかいう理屈である。弱者を悪者あつかいして、牙を剝く人々の起源は、第二次大戦前にさかのぼる。当時も不満を抱え、将来に不安を感じる者たちは多くいた。彼らは日頃の不満や不安の原因を誰かのせいにしたくて仕方がなかった。だから、不満の解消を目指すのではなく、犯人探しにばかり精を出していた。社会学における社会病理学や、生物学における優生学は、そうした社会に渦巻く不満や不安をたくみに吸い上げ、社会的な病巣を除去するだの、劣悪な遺伝形質を持つ者を排除するといった発想を開陳して、社会的な不満をさらに焚きつけることになった。そうした問題含みの学問や学説を土台にして、歪んだ発想を純粋な暴力にまで先鋭化していったのがナチス・ドイツだと言ってもよい。

バーノスキーとハドリーによれば、「殺す」といった乱暴な手段では人口爆発を阻止することはできない。おそらく邪魔者を殺すとか、悲惨な者たちを放置するという手段は、却って人口爆発を放置するか、さらに増幅し、特殊出生率の安定を遅らせることにしかならないだろう。実際、これから「殺す」という手段によって二〇世紀初頭の人口に戻ろうとすれば、二〇億の人口が五〇億の人間を襲撃し、この世界から抹殺しなければならない。一九世紀初頭の人口水準に戻ろうとすれば、一〇億の人口が残る六〇億を……という具合になる。そのような大掛かりな暴力を正当化する言説はありえないし、極端な暴力から帰結する未来が暴力的でなくなるということもありそうにない。

また、大殺戮を選択した社会体制に持続性がともなうとも思えない。ならば、採るべき道は別のところに求められなければならない。

5. 高等教育の意味

大学の未来　話を戻そう。高等教育の特殊性についてである。専門的な研究者は、初等教育や中等教育では育成できない。

高等教育が充実した社会は、どうすれば実現できるだろうか。そのためにすべきことの第一は、高等教育をすでに受けた世代がたくさんいる社会に移行することである。しかも、その先行世代は教育者としても後進の世代を育てるレベルに達していなければならない。国内に高等教育を供給する能力がないなら、先行世代を生むための教育者を海外から呼んでくるか、先行世代を創出するための投資として、国内の有望な若者を海外の大学に留学させ、彼らが戻ってくるのを待つしかない。

それゆえ、高等教育の充実を図る道は、初等教育や中等教育が十分に整備されたあとの、さらに気の長い計画とならざるをえない。

すべきことの第二は、第一世代が専門的な知識を供給できるような施設を作り、充実させることである。ようやく貧困から脱し、必要な教育（初等教育や中等教育）を受けたあと、さらに個別の好奇心や探究心に応え、受け皿になるのが高等教育機関にほかならない。ただ、一挙にたくさんの需要に応えるのは困難だ。インドの例で見たように、アジア圏は、日本を除いて、高等教育への入り口が総体的に狭い。供給側を充実させようにも、そのための準備が整う前に、需要が増え、入り口に殺到してしまったのだ。だから、国内で希望が叶えられない者たちは、おのずと海外に目を向けるしかなくなった。

アメリカの大学は、施設面でも資金面でも、教育の質においても群を抜いている。学費の高さをのぞけば、何もかも文句なしだろう。世界中から集まった人材のなかから選りすぐりの才能が教職につき、彼らがまた世界中から有望な才能を集めるという、よい循環ができている。だから高等教育の需要がアメリカに向かうのは当然であり、理にかなっている。

もっとはっきり言えば、インド人も中国人も、少子化で入学しやすい日本の大学を飛び越して、進学熱の高いアメリカにまでわざわざ飛んでいくのには、はっきりとした理由があるということだ。

日本のように少子化に悩む社会に暮らしていると、アメリカやインドの大学進学熱は、いまいちわかりにくいところがある。熱量が伝わりにくい理由は、たぶん日本が色々な意味で島国だからだろう。大陸から海で隔てられているだけでなく、日本語という固有の言語も障害となっていて、大学に向かう人の流れが日本には向かって来ないのだ。

大学関係者によっては、日本でも新たな志願者を求めて、インドやインドネシアを盛んに視察している人たちがいるらしい。大学という組織の存続を求めての行動だろうが、どこか勘違いの印象を拭えない。もしも焦らなければいけないことがあるとすれば、単なる志願者集めとかいう卑近な次元の話では済まないことが今も着々と進行しているからである。

文科省も日本の大学の弱体化と、国際的な高等教育の需要の高まりを見越してのことなのだろうが、やたらとグローバル化を叫び、英語での授業を中心とした教育を推進しようとしているようだが、なかなか上手くいかない。当然だ。一つには今まで日本で安穏と暮らしてきた学生たちに英語の授業を受けさせるなど思いもよらなかったからである。むしろ彼らにまともな日本語の文章を読み書きさせるだけで精一杯の状態である。もう一つは、英語での授業を受けられるほど語学に堪能な高校生がいれば、わざわざ日本の大学に入らず、アメリカに行ってしまうからである。結果として、英語による授業には閑古鳥が鳴き、東大のグローバル学科が海外の大学の滑り止めになるといった体たらくである。何かが根本的に間違っていたのだ。

知的リソース　落ち着いて考えてみよう。世界中の若者たちが大学生になるために小さなパイをめぐって激しい競争を繰りひろげている。彼ら・彼女たち海外の大学生は、アメリカやインドの受験戦争をくぐり抜け、あるいは色々と思い悩んだ上に、やっと大学に入学してきた。そんな彼ら・彼女たちが大学に入学した途端に日本の大学生と同じゆるゆるの生態を生きるようになるだろうか。すなわち、高い学費を支払ったにもかかわらず、全員がこぞって勉学を放棄し、以降はろくすっぽ本も読まなくなり、高度な知識や技術を得ようと努力しなくなるだろうか。たぶん、ごく一部の例外を除けば、そのようになるとは考えがたい。

生物学の概念である「遺伝子プール」になぞらえ、大学への進学を志望する「志願者プール」なるものがあると考えてみよう。大学側が彼らに配分できるパイは一定であり、数が限られている。だから、少ないパイをめぐって、世界中から集まった人々が熾烈な争いを繰りひろげるようなことになってしまった。

このような状況は、きっと大学卒業後も変わらないだろう。経済的な富や、社会的ステイタスといったパイはかぎられており、多くの人がそれらを求めている。しかし、それらのパイは常に稀少であり、手にするチャンスも限られている。大学志願者プールと同様、大卒見込みの「就活生プール」というものがあって、そこでもチャンスの奪い合いが起きている。ポストは少なく、スキルアップにつながる道は需要が多くなればなるほど相対的に細道になってゆく。

条件は日本の就活生も一緒のようだが、一つだけ根本的に異なる点がある。アメリカの有名大学の卒業生はそこに在学していたというだけで、卒業後、世界中の未来のリーダーたちと知己になっているのである。世界中から集まった志願者たちが一つところで勉強し、再び世界に散っていき、各国で指導的な役割を果たすことになるのだから、友好関係の拡がりが日本の大学とはそもそも桁違いなのである。日本の最難関校がグローバル化の象徴となるべき学科を創設したにもかかわらず、語学に堪能な日本の受験生によって滑り止めにされた最大の原因は、きっと大学も官僚も日本人同士の背比べしか想定していなかった辺りにあるのだろう。言い換えるなら、外に出て行った彼らは炯眼であり、大学に入学する前から「島国根性」という悪しき体質から脱することができていたことになる。

島国根性という古めかしい言葉を使ったのは言うまでもない、喫緊の問題に対峙すれば自ずと形成されるはずのコスモポリタンの態度に対し、それと対照をなす近視眼的な態度を呼び出しておきたかったからである。ごく一部の広い視野をもつ受験生と大学人を除けば、もっとも差し迫った「問題」が学問の枠を越え、国の枠を越えて取り組まなければ早晩、地獄を見る世界的な課題であることを理解していないようにみえる。だから、もっとも深刻な問題を少子化のピークに見るような思考の浅薄さを「島国根性」と言ってみたかっただけのことである。

人材のプールはますます嵩を増し、プールの容積も大きくなる一方だが、その大きさに比して社会的・経済的なパイは稀少なまま変わらない。だから、パイの奪い合いを制するための競争が始まっているのだ。競争とは、言ってみれば過剰人口が互いにしのぎを削るかたちで行なわれるから、各人はいずれ身を投じることになる市場に狙いを定めて、知識を蓄積し、スキルを磨こうとするだろう。こうして豊かな人材プールに即戦力の「知的リソース」があふれることになる。

日本は少子高齢化の状態にあるから、人材のプールが家庭用のビニール・プールと化し、いつまでも入っているから水はぬるま湯になり、しかもわずかしか入っていない。知的リソースはかつてないほど涸れていて、好転する傾向も一向に見えない。

しかし、日本経済が世界と渡りあうのは自明だから、彼らの目には見えていないものの、日本の大学生は潜在的に海外の学生たちと凌ぎを削り、知的な競争に巻き込まれているのである。広大なプールがあっても、プールを埋める人的資源が充実している世界と、プールが小さくなり、リソースも枯渇している日本では、対比するのも悲しい状況にある。

なぜこのようなことを言わなければならないのかというと、人類が自滅の道をまっしぐらに進まないとすれば、全人口が教育を受け、高等教育の巨大な需要となって狭小な入り口に殺到するという道を選ぶしかないからだ。そして、現行の社会・経済システムが今後も続くとすれば、競争の激しさは苛烈を極めることになるだろう。

つまり今後、相対的に少なくなるパイをめぐる戦いは激しくなる一方なのだ。そのことに気付くことができなければ、悲惨な状況を打開するための策を考え、解決策を講じることにもつながらない。勝ち負けの結果、広がる格差がなお拡大すれば、先進国と途上国の格差の拡大につながり、全世界が拡大路線を一方向的に進むなら、地球は明らかに資源不足の窮地に陥ることとだろう。地球のリソース不足を解決することができるのは、人的・知的リソースだけなのだ。多くの研究者が指摘するように、最大多数の最大幸福を目指しながら、同時に地球の資源を少しでも長く利用し、大地を少しでも長く存続させるため、複合的な案を絞らなければならないのだが、策を練り、実行に移すまでのタイム・リミットは途方もなく短い。

少しも猶予がならないなかで、私たちは自分を鍛えなければならないのである。私たち自身の未来が荒れ地と化さないようにするためだ。

6. 読書家批判

ダメな読書　やや深刻な話をしたが、以上が、今後、何をし、何を考えるにしても、決して目をそむけてはならない問題の骨格である。

そして、何をするにせよ、知識を蓄積し、世界を見渡し、知をツールとして使えるようにならなければならない。何かを知ることももちろん必要だが、知るためには何が必要かということについて何かを感じてもらえたのではないだろうか。

次に進もう。

いったい何から読めばいいのか？

人口問題？　いや、何でもよい。読みたいものに手をのばすのが一番だ。

しかも選択肢は無限に近い。しかも、読むべき書物のジャンルやヴァリエーションは、各人の問題意識やテーマ、読解力などによって分かれていく。足の赴くままに本棚に接近し、さまよう視線がとまった場所に目当ての本があるはずだ。

そう、それを手にし、あれを手にし、片っ端から読んでいこう。

しかし問題がある。

私の勤務する大学の図書館にはおよそ一〇〇万冊の蔵書がある。大学間の図書館ネットワークを駆使すれば、さらにその一〇倍の本を手にすることができるかもしれない。

そのすべてを読むことができるだろうか？

できない。

人は一日に何冊の本が読めるだろうか。難易度が高くなく、字があまり小さくなく、あまり大部の本でなければ、きっと毎日一冊くらいは読めるだろう。そのペースで一年に三六五冊を読めば、一〇年では三六五二冊も読んだことになる。

変な数字？　いや、どの一〇年をとっても必ず閏年が二回はめぐってくるから、親切心で二冊ばかり足しておいたのだ。一〇年の切り取り方によっては閏年が三つになることもあり、あと一冊足してもよい。因みに閏年は四年に一度だが、世紀の変わり目は閏年にカウントされず、しかし四〇〇年に一度だけカウントすることになっている。地球の公転周期を基準にした帳尻合わせのため、こういうことが起こるが、目下のテーマには関係ない。

関係ないけれども、知ろうとしなければ知らないままの情報である。知らないままで終わる人と、知った人とで、なにがちがうのだろうか。たぶん、表面上はなにも変わらない。しかし、閏年が公転速度に関係し、そのサイクルと自転サイクルとの関係が意外に不規則だとわかった人は、われわれの日常生活が太陽系の惑星の配置と秩序に深くかかわっていることを知ることになる。

私は知ることに第一の価値を置く。人間という生物がこの世界に誕生した唯一の価値が世界を「知る」力を得たことにあると信じているからだ。人間の存在意義もそこにあると確信している。

そして、世界を知り、世界が抱えている悲しみや怒りを理解することから、問題を把握し、思考の新たな次元を切り拓くことができるとも信じている。ここまでは前節のつづき。

ここからは、少しいやな気分になる話をしなければならない。人によっては「痛快！」と感じるかもしれない。困ったことに、世界を「知る」のではなく、世界ではない何かを「信じる」ことで「世界がわかった」と思いこんでしまう人が少なくない。

つまり「まちがい」のことである。人は「わかった」とうぬぼれ、「オレはえらい」と間違って信じ込みがちなのだ。こういう手合いは、知をツールとして使えていないから、すぐにエラーをしでかし、それに気づくこともない。

弧を描くボールをしっかりキャッチするには、軌道を読んで素早く落下地点に行き、上手に手を操作しなければならない。軌道の先に手の平がくるように腕をのばすのだが、のみならず落下の瞬間を先読みして、ボールが入ってくる頃合いを見計らって、やや腕を引きながら手を閉じるようにしなければキャッチできない。きちんとキャッチできたら、あなたは目や手足をツールとして使えていたことになる。

しかし、まちがいを犯す者たちは、たいがい自分の脳や知をツールとして使いこなせていないのだ。なので、バカみたいにあたりまえのことを言おう。「知る」ということは、「知らなかったこと」に出会い、それを自分のものにすることである。

私は本書で読書を推奨する。しかし、どうしても許せない読書家がいることも指摘しておかなければならない。自称読書家という生き物である。彼らは、私たちにとって、まったく読書に興味がない人間よりも警戒を要する人物である。なぜなら、彼らは読んでいるのに「知る」ことができていないからだ。「知らなかったこと」に出会わない読み方をしている困った人たち……。

というわけで、自称読書家という一族を批判することから始めよう。

(1)自称読書家　彼らは、たくさん本を読んでいることを周囲に自慢する。こういうやからは、しばしば「私は毎日一冊は読むことにしている」と豪語するものだ。しかし、日に一冊、というリズムをキープするためには、毎日の空き時間を使って読了できるような本を選ぶしかない。つまり、ろくでもない本しか読まないということだ。企業の管理職に多いタイプなのだが、彼らは自分の考えを再確認するためだけにビジネス書を読みあさる。彼らは毎日読んでいるのだが、同じようなものばかり買って、似たような文章ばかり読んでいる。だから、どんなに読んでも世界観には風一つ吹かず、いつも同じ無風地帯にとどまっている。こういうタイプの読書家は、読むことと読まないことがイコールで結ばれるような、限りなく無駄な読書をしている。

この手の「井の中のかわず」がコスモポリタンに変わるには、先ず第一に、飛ばし読みが出来ない本を選ぶようにしなければならない。すでに知っているのではない知識が書かれている本であって、なおかつ、ほんの少しハイレベルの分析をしているものを選べばいい。現在の読解力のわずかに上をゆく本を選ぶこと、これが肝心である。自分の能力を伸ばすのに役立つ本を選ぶには、消化するのにも少しだけ時間が掛かるものを手にしなければならない。

しかし、自説の再確認を本に求めるタイプの人は、安心したい気持ちと、他人にほめられたい気持ちが強いので、ついつい元の道に戻ってしまう傾向がある。彼らには是非とも知っておいてもらいたい——自説を再確認するだけなら、読書など必要ない。むしろ読書は有害なだけだろう。自説の再認を繰り返していると、たぶん了見が狭くなるだけで、得るものは少なく、失うものは多くなるだろう。それゆえ、むしろ自説とタイプの異なる考えを提唱していたり、自説に反する事実を挙げている本を探すようにしたいものである。

まとめておくと、すでに知っていることを確認するための読書はしない。同じ種類・ジャンルの本ばかり読んでいてはいけない。これは専門家という特定ジャンルの人についても言えることだ。

(2)読書スピード自慢　読む速度は自慢にならない。簡単な本やすでに中身がわかっている本は、簡単に読めるし、速度も上がる。他方、あまり消化できない本や、不案内なジャンルの本、未知の事柄がたくさん詰まっている本は、すらすらと読み進められない。速く読めて当然の本は栄養価が低いと考えた方がよい。文章の巧拙や読みやすさ（読みにくさ）を別にすれば、読むのに時間のかかる本は、総じて中身を消化しさえすれば栄養価が高くなると考えてまちがいない。

しかし、わざとわかりにくい文体で書かれている本や、文章がヘタすぎて書かれていることが意味不明な本は論外である。

(3)ハウツー本収集家　なんとか入門ばかりを読みたがる人たちがいる。食べ物や衣服に入門編と応用編がないように、本にもそんなものは存在しない。ハウツー本や入門書は粗悪品と思った方がよい。「入門書を書きませんか」という誘いは私にも来るけれど、みんな断っている。そんなものを書くために学問をやってきたのではないから、今後も書くつもりはない。

たとえば、ニーチェのテキストから人生訓になりそうな名言だけを抜き出して、いかにも大先生の言った甘口の言葉をアレンジしたような本がいくつもある。だが、ああいうものを読んでもニーチェに触れたことにはならない。

ニーチェに触れてみたいなら、なんでもいいからニーチェの翻訳書を手にとって、あの強烈に辛辣な言葉使いに立ち向かってみるべきだろう。最初の『悲劇の誕生』はすごいけど、あまり怖くないから、万人に勧めることができる。『ツァラトゥストラ』は何度読んでも面白い。その時々のこちらの成熟度で入ってくる内容がまったくちがうからである。翻訳も何種類も出ているので、誰の訳文が一番自分に合うかを試してみるとよい。たくさんの翻訳を試し読みするには、図書館を利用するのがよい。最初のいくつかの話をたくさんの訳書を並べて読みくらべてみるんだ。料理の試食やワインの試飲みたいで、ちょっと贅沢な時間を過ごすことができるはずだ。

最後の著作になった『この人を見よ』も捨てがたい。目次を開くと「なぜわたしはこんなに賢明なのか」「なぜわたしはこんなに利発なのか」「なぜわたしはこんなによい本を書くのか」と続く。笑いをもよおす反面、神経を疑いたくなるところもあるだろう。ニーチェはこの本を書き終えた後、発狂し、廃人になった。この本にはムンクやゴッホの絵を鑑賞するのにも似た、崩壊する寸前の美しさを見る歓びがある。

しかし、順当に選ぶなら、『反時代的考察』や『道徳の系譜』あたりから読み始めるのがよい。

⑷うまい話の本好き　現実も「うまい話」は信じないようにすべきなのと同様、「うまい話」の本にも手を出してはならない。たとえば、すでに言及したが、金儲けの本が代表的だ。似たようなもので、出世の方法だとか、女にモテるようになるという本もある。こういうのは、全部ダメ。占いもダメだ。

占いが当たるなら、たぶん占い師などという職業は存在しない。本当に当たるなら、寒い冬の夜に路地裏で占いなどにうつつをヌカしていないで、さっさと成功をおさめて、優雅な暮らしを享受しているはずではないか。

金が儲かるという本がダメなのは、その本の著者やその本を出した出版社は、金が儲かるという本を売って金儲けを企んでいるからである。そんなに簡単に儲かるのなら、著者はその本で儲けようとしないで、書かれた方法を使って儲けているだろうし、版元の社員だってその本に書かれている内容を信じて金儲けに成功しているはずだからである。そうしないで、学術的価値も皆無な本を売ろうとするのは、その手の本には実利的な価値がないからである。

ついでに言い添えておけば、本当に金儲けをしたいなら、経済の仕組みを勉強するしかない。しかし、経済のからくりに通じたところで利益を得られるとは限らないのは言うまでもない。さすがと言うべきか、あのジョン・メイナード・ケインズは、日頃の投資で何人もの芸術家や友人たちを養っていたらしいから、能力さえあれば本当に儲かるのだろう。しかし、「うまい話の本好き」は、決してケインズの『雇用、利子および貨幣の一般理論』を手に取ろうとはしないだろう。

女にモテるようになる本も、ほとんどが詐欺まがいの内容なので、相手にしないのが一番だ。モテるとか、両思いになるという現象は、確率論的にまれなことが起きることを含意している。男女二〇人ずつのクラスで、全員がヘテロで、必ず誰かが誰かを好きになるとして、たまたま想いが通じ合う確率は四〇〇分の一になる。その微かな勝率が当たり前のように実現するのがモテるという現象である。ちなみに二〇人中一〇人の女性が一人の男性に憧れのまなざしを向けているなら、確率は一挙に四分の一になる。もしも確率の薄い勝ち目を努力や切磋琢磨によって乗り越えようとすれば、おそらくハウツー本よりも、生物学の本を読んだ方がよほど教訓になるだろう。

海の生き物の性生活は多様で深い。モテる本と同じくらい役に立たないが、こちらは面白いし、知識が増えるし、話題も増える。色々なことを知っていて、楽しく話ができるのは、たぶんモテる要素の一つだ。だがら、自分がモテるための方法が書かれている本なんか読んでいる暇があったら、色々なサカナが異性の心をつかむためにどんな戦略を練り、ちっちゃな虫たちがどんな手を使って子孫を残し、浅瀬の生き物がどんなふうに色々な性を獲得していくのかを知った方が楽しいし、よっぽど有意義なのだ。

ちなみに「モテる／モテない」をダーウィンは「性淘汰」と呼んだ。つい最近のことだが、性淘汰によって生物と人間の進化を語り尽くしたダーウィンの『人間の由来（上・下）』が文庫で出たので（講談社学術文庫）、この決定版を熟読するのもお勧めだ。その結果、あなたがモテるかモテないかは当方の知ったことではないけれど。

＊　　＊

次章からは、先人たちの考えに耳を傾けてみたい。彼らは読者になにを訴え、なにを発言すべきだと考えたのか。著者は、読者の期待にどこまで応えるべきなのか、また、どこまで応えられるのか。また、読者がひとの文章を読むとき、それが新聞記事であれ、有名作家の本や発言であれ、なにを基準に判断し、どのように読んでいくべきなのか。これらの課題に取り組もうとすれば、以下の議論は恰好の材料になるだろう。

第三章　イマニュエル・カントと啓蒙の行方

1.　理性の使用における「公私」の問題

成熟　誤解を恐れずに言えば、私たちの社会は「言葉」から成っている。ただし「言葉」ということで言いたいのは、メッセージの伝達手段という意味ではない。私たちの暮らしの基礎をなす「ことば」を指している。人間の社会生活の根幹は、先人たちの思考と言葉によって築かれ、今も彼らの遺産によって貫かれているのである。私たちの自由や権利は、これらの守護聖人とでも呼ぶべき先人たちの努力がかつてあり、今も彼らの「言葉」によって守られている。私たちが自由に話し合い、判断できるのは、彼らが命懸けで編み出した論理とその帰結が私たちの法体系の土台になっているからなのである。

先人たちは個人と社会の未成熟を恥じ、人間と社会の成熟を願った。はたして、私たちは彼らが望んだ通りに成熟してきたであろうか。どうにも疑わしい。

なぜかって？　私たちは滅多にカントの本など手にしなくなったからだ。たぶんイマニュエル・カントほど私たち人類の成熟に深いかかわりを持つ思想家はいない。

カントと言えば「三批判」と総称される主著、すなわち『純粋理性批判』、『実践理性批判』、『判断力批判』の三作品で有名だが、それら一般の読書人を遠ざけるばかりの書物は実のところ、私もあまり得意ではない。カントが後世に与えた影響からも、むしろ重要なのは短い文章に多い。特に「啓蒙とは何か」と「永遠平和のために」という二つの文章は絶対に外せない。

わかりやすいと評判の光文社の古典新訳文庫から『永遠平和のために／啓蒙とは何か 他3編』と題された本が出ているから、それを開くと早くも冒頭に啓蒙の定義が掲げられている。

「啓蒙とは何か。それは人間が、みずから招いた未成年の状態から抜けでることだ。未成年の状態とは、他人の指示を仰がなければ自分の理性を使うことができないということである」（カント『永遠平和のために／啓蒙とは何か 他3編』中山元訳、光文社古典文庫、二〇〇六年。一〇頁）。

カントが「啓蒙とは何か」を書いたのは、一七八四年である。フランス革命が一七八九年七月に起きていることから、書かれたのは、革命前の啓蒙まっさかりの時代だったことになる。

とはいえ、カントはパリから遠く離れたところ、今はカリーニングラードという、ロシア西部の港湾都市で静かに暮らしていた。当時はケーニヒスブルクと言い、東プロイセンに属していた。ドイツ帝国に組みこまれるのは一八七〇年代のことだから、カントが自分をドイツ人と思う機会は一度もなかったろう。今やカントというと、誰もがドイツ哲学の代表選手と思いがちだが、カントはリトアニアの南に位置するこの港湾都市から一歩も出たことがなく、ドイツの地は踏んだことすらなかった。それゆえ、フランスの啓蒙主義についても、本で読んだ程度だったろう。

もちろん、当時はラジオもテレビもないから、本を読む以外には揺籃期にあった新聞に触れることができたくらいだ。一八世紀の新聞は、男たちの会話のネタとして活用されたが、いわゆる日刊紙が普及するのは一九世紀になってからのことだ。その日刊紙にしても、本格的な普及の時代を迎えるには、学校教育が成立し、国家語（各国における読み書きの一貫した体系としての「国語」）が制定されることが前提条件だったから、一九世紀に国民国家が成立するのを俟たなければならなかった。

言い換えるなら、カントが「啓蒙とは何か」を書いた時代は、テレビもなければまともな新聞もなく、大学以外の学校もなく、今で言う国家（国民国家 Nation State）もまだできていない時代のことだ。当然、国民（Nation）というものも見たことがなかった。啓蒙主義の高まりとともに「自然権」を声高に主張する人々はいたものの、今で言う「基本的人権」のようなものが法権利として保障されていたわけでもない。

カントは、そんな、まだ近代的なものがほとんど整っていない時代に、人々に「成熟せよ」と説いた。「つねに自分で考えること」を説き、「みずからの力で未成年状態の〈くびき〉を投げ捨てて、誰にでもみずから考えるという使命と固有の価値がある」（同、一二三頁）と唱えた。「成熟せよ」という命令を言い換えれば、「みずからを啓蒙せよ」となる。わざわざ啓蒙しなければならない「自己」は、まだ成熟していないのだから、当然ながら「未熟」である。未熟なのは、発想が幼稚であるとか、欲望の質が陳腐であるとかいうことではない。他人の指図がないと自分でなにも考えることができない状態を指す。誰かに命令されないとなにもできないような人間は、わざわざカントに指摘されるまでもなく、「ああ、そりゃ未熟だよな」とわかるだろう。未熟者とは、自分でものを考え、独りで判断するだけの力がそなわっていない人間のことなのだ。

自己への啓蒙　カントは啓蒙の道行きを、未熟な状態から自力で脱出することだと言う。肝心なのは「自分で」というところにある。自分では何もできない未熟者が、どうすれば「みずから」、つまり自力でその情けない状態から脱出できるのだろう。

自分を啓蒙すること、それをそのまま日本語に移せば「自己啓発」という不穏なニュアンスを帯びた表現になる。悪名高い自己啓発セミナーで行なわれるのは、いわゆる洗脳である。それまで漠然と身につけてきた価値観や常識を破壊し、まっさらになったところにセミナー主催者たちに好都合な価値観を湯水のように注ぎ込み、奴隷化してゆくことだ。多くの政治結社や政治組織、軍隊などで行なわれるシステム的な人格破壊と思想操作の手法が採られている。それゆえ「自己啓発」は、自分で考えることをできなくし、他人にコントロールされるがままになることであるから、カントの言う「自己への啓蒙」とは正反対のベクトルを指していることになる。

とはいえ「自己啓発」が即座にマインド・コントロールを連想させるくらいだから、人が独力で成長するのがいかに難しいかを、その語は逆に物語ってはいないだろうか。

実際、日本の大学生が本を読まなくなるのは、なにを読めばよいのかわからなくて単に途方に暮れているからなのかもしれない。受験参考書は相変わらず売れているのに、学術書は一般向けのものですら売れないのには、なにか構造的な問題があるはずだ。ありていに言えば、彼らには読まれるべき本が供給されていない——しかも構造的な問題の帰結として。ならば、それは高校卒業まで蓄積したスキルや知識をその後は使わず、延いては使い物にならなくなるのを社会が放置し促進していることになる。

原因として考えられるのは、学歴偏重の社会意識がその先の段階に移行できていないことにある。あたかも人間は大学に入学するまで勉強すればよいかのような風潮がいまだに続いているのだ。たぶん難関校を目指して参考書をたくさん買っていた人々が大学入学を期に勉学に励まなくなるのではない。まじめな彼らは相変わらず命じられた通りに授業に出席し、単位を取り、就職をめざすのだろう。しかし、それでは初等教育や中等教育で教師に言われるがままによい成績を目指していた頃となんら変わらない。次の段階への移行とは、大学で触れる知識を土台にして、別次元の知識に目覚め、独自の道を歩き始めることなのだ。もしもそうやって各人が各人の目指すところを発見し、真に必要な知識に触れることができていたなら、出版不況など起きていなかったはずだ。本が売れないということは、新たな知識に触れたいという欲望を抱いている人がきわめて少ないことを意味する。だが、それだけでなく、学校での勉強を離れても、なにか新たな知識に触れたいという素朴な好奇心がそなわっている人もまた、きわめて少ない。

そのような好奇心の枯渇が集合的なレベルで蔓延しているとしたら、やはり知的リソースの枯渇は個々人の問題であるだけでなく、社会問題でもあるだろう。そして、その問題の核心には、カントのいう独力による成熟がいかに困難な課題であるか、というもう一つの問題が横たわっている。

初等教育と中等教育は、いわば他人の助けを借りた成熟であり、そのままで何の問題もなかった。大学受験も他人が課したレースであり、ゴールは入試に合格することだったはずだ。しかし、大学に入ってみると、それまでの教育現場とは異なり、上から目線の強制力が一挙に最小化してしまう。誰と付き合おうが干渉しないし、授業に出るか出ないかも自分次第だ。髪形や髪の色、服装、アクセサリー、なんでも思いのままだ。つまり、大学では急激に自由度が増し、どうするかを自分で決定しなければならなくなる。

他人の助けが最小化すると言ってもよい。まだ若いから指導者が必要と感じられるかもしれないが、誰に指導してもらうかも自分で決めなければならない。

昨今は大学も、学生が様変わりし、すっかり児童化したからなのか、大人になるための幼稚園のようなところになりつつある。つまり、大人になるためには大人の手助けが必要であるかのように考えて、「よしよし」と面倒をみてあげよう、というわけだ。

そのような体たらくの状態が、大学のありうべき状態を逆説的に教えてくれる。そこは人が大人になるため、自分で自分を引っ張り上げる場所なのだ。自分自身を成熟に導き、大人の人格を身につけさせる場所と言ってもよい。


その点を確認したところでカントに戻ろう。独力で自分を大人にすること。

他人の助けはいらないのか？　最初は必要だ。初等教育は必要不可欠だし、指導者がなければ、人は自立の準備すら出来ない。しかし他者の指導によって啓蒙が実現することはない。大人になったようにみえる場合でも、多くの人は相変わらず未成熟にとどまっている。未熟者が成熟していないのは、独力では何もできないからだった。

どうやら未熟者が対峙する小川は、飛び越えるにはやや川幅が広すぎ、しかも大人たちは橋を架けてくれそうにない。しかし、よく考えてみれば、カントもまた、昔は未熟者だったはずだ。彼が自分の力で立派な大人になったのだとすれば、きっと未熟者が未熟でなくなる方法があってしかるべきだろう。

カントの言う「啓蒙」はドイツ語で「Aufklärung」と書く。意味は「光で照らすこと」である。英語でも「Enlightenment」と言い、「光を当てる」という意味である。フランス語では「Lumières」と言い、意味は「光」そのものである。日本語の啓蒙も、訓読みすれば「蒙《くら》きを啓《ひら》く」であり、陽光の差さないぼんやりした暗がりに光を当て、景色が見えるようにすることである。

頭の中が暗い状態とは、物事の分別がつかず、何もかもがぼんやりしている状態ということができる。あれとこれとの区別ができない。物事の善し悪しがわからない。きれいなものときたないものとのちがいがわからない。口に入れて大丈夫なものと食べてはいけないものとの区別がつかない。なるほど、これでは赤ん坊か小児の状態である。周りにいる人がいちいち指図してあげないと危なっかしくて仕方がない。

でも、人は成長することで色々と覚え、危なっかしいことをしなくなるのではないか。みな、親にしつけられ、学校で勉強しているうちに、基本的なことはだいたい分かってくる。身の回りの物の名前はだいぶ分かるようになった。地球の公転周期と自転軸の傾きが四季の移り変わりに関係していることについてもきちんと理解しているつもりだ。物事の善し悪しもたいがいはわかるようになった。床に落ちているパンは拾って食べないし（今でも五秒以内ならＯＫ?）、電車への駆け込み乗車は見苦しいと思うようになった。

ずいぶん他者の力を借りてきたとはいえ、大多数の人たちは、相応に分別のつく大人になっていく。それを成熟とはいえないのだろうか。

ある意味では、その通りだ。しかし、それだけではなんとも心許ない。そもそもカントはなにを成熟の条件としていただろうか。独力で理性を用いることができるかどうか、である。一人前の大人であるためには、一人きりで「理性」なるものを駆使するようになっていなければならない。そのとき、はじめて「未成熟」を克服できたことになる。赤ん坊がハイハイの状態から立ち上がり、二足歩行に移ったように、理性もまた一人で立ち上がり、自力で歩き始めたとき、やっと一人前になることができる。これでカントのいう「理性の公的使用」のスタートラインに立つことができた。

理性の公的な使用　しかし、カントの短文の困難さはこの後に控えている。何より困難なのはカントが理性の使用について用いる「公」と「私」の区別がとても紛らわしいことにある。学説史に通じた専門家たちには自明なことかもしれないが、事情に通じていない学生たちに教える段になると、いつも私は苦労させられる。先ずは彼の文を読んでみよう。

> 「啓蒙を妨げているのは、どのような制約だろうか。そしてどのような制約であれば、啓蒙を妨げることなく、むしろ促進することができるのだろうか。この問いにはこう答えよう。人間の理性の公的な利用はつねに自由でなければならない。理性の公的な利用だけが、人間に啓蒙をもたらすことができるのである。これにたいして理性の私的な使用はきわめて厳しく制約されることもあるが、これを制約しても啓蒙の進展がとくに妨げられるわけではない。」（一五頁）。

理性の公的使用――それが人を啓蒙し、それなくして啓蒙もないもの、つまりは啓蒙の条件である。

人が成熟し、大人になると、各人が相応の役割を負い、さまざまな職務を果たし、色々な社会的立場に立つ。人が公的な立場から物事を判断し、意見する場合、カントの用語にしたがえば「理性の私的な使用」となる。つまり、公的に理性を用いる場合、カントの分類では理性の「私的」な使用に分類されるのである。反対に公的な立場から離れ、一私人として考えをめぐらし、発言する場合に理性の使用は「公的」となる。諸個人の社会生活と理性の使用とでは、「公／私」の区別があべこべに配分されているのである。敢えてそうしたのは分かっているが、カントはどうしてそんな紛らわしいことをしたのだろう？

ポイントは、思想の自由や表現の自由の程度にかかわる。定義上、理性の私的使用には制限がともなう。人が果たす職務には、その職種に応じた制約があり、社会的な役割を負ってものを言わなければならない場合にもそれゆえの限界がある。つまり、社会的立場には、言いにくいことや、言ってはならないことなど制約がともなうのである。

たとえば、デパートの店員が勤務中に「昨今はお客様の質が落ちた」と批判的な見解を披露したり、自分が販売している品物について辛口の批評を始めたら、たぶん仕事をしているとは言いがたい。横暴な客をたしなめたり、不良品を発見して報告するのは職務のうちだが、そこに私情を差し挟むと職務の範囲を越えてしまう。また、強盗犯を追跡中の警察官がパトカーに同乗した同僚に対して、窃盗犯をめぐる昨今の社会背景や経済事情（貧困問題や失業率、雇用状況など）について議論をふっかけ、挙げ句には法律遵守への異議申立を始めたりしたら、どうだろうか。へたをしたら、職務違反になりかねない。もちろん、捕まえた犯人の取り調べをしている時であれば、色々な事情に照らして理解を示すのは、むしろ好ましいことだろう。しかし、追跡（公務執行）中に自由な議論は好ましくない。

無制限の自由は、仕事をしているときや、特定の社会的立場を代表しているときなどは、原則としてありえない。大人であることは、大人という社会的立場にあることだから、その時点で自由が多少とも制限されるのはやむをえない。赤ん坊なら全裸で戸外に出ても、「こら、こら」と言われるくらいだが、大人だと逮捕される。自由は、当たり前のように制限されなければならないし、制約されているのが当たり前なのだ。

しかし、社会的立場や肩書きから離れると、それらにともなう制約もなくなる。つまり、社会から離れ、完全に自室のなかにあれば、赤ん坊のときと同様、全裸になって、自由にダンスしても、誰からも叱られない。同様にして、理性の使用にも制限がともなうことはない。

現実には、あらゆる制約から自由になれるとは言い難いかもしれない。実際問題として、社会的制約は私的領域にも侵入し、付いて回るものだ。しかし、今はあくまでも理念的に捉えておこう。職務や日頃のお付き合いにともなう諸々の制約は、それらの関係から遠ざかるにしたがって弱く、稀薄になっていく。物理的な力と同じく社会的な圧力もまた、社会的な距離（の2乗？）にしたがって逆比例的に弱くなるなら、制約の力が限りなくゼロに近づく地点を理念的に構成することもできるだろう。

したがって、理性の私的使用では現実的にも自由が制限されてしかるべきだとわかる一方、理性の公的使用では自由の制限が完全に消滅する時空を理念的に構成することが必要になる。そのことから、無制限の自由が保障されていてしかるべき場所がどこにある（べき）かも副次的にわかるという寸法だ。それは完全に私的な時空であり、もっと言えば、いかなる思想を抱くことも許され、あらゆる発言や行為が無制限に許容される究極の個室である。

こういうのは具体例を挙げながら考えるのがよい。

私が教師として授業や講義で発言する際に、「制約」というほどの締め付けを感じることはほとんどない。しかし、個々の教師がなんら締め付けを感じないとはいえ、それは講義室に無際限の自由があることを含意しない。

私が講義中に学生の人格を誹謗したり、悪態をつくことは、おそらく許されない。暗黙のうちに、そういうことはいけないと分かっているから、まともな教員はふつう、そんなことをしない。また、教壇に立つ者が、自分の主張を吹聴したいがために、大した根拠もなく同僚の主張をこきおろしたりするのもいただけない。

もちろん、講義名やそれが含意する内容と関係のないお話をするのもいただけない。余談や本筋から外れた雑談くらいは許されるだろうが、講義室にいながら本筋の講義を全くしないというのは、やはり問題だろう。

つまり、私が自由を謳歌し、無制約と感じた気分は、ある制約のうちで感じられる感慨でしかなく、現実にはさまざまな制約のうちにある。その制約のなかには、私が教員である限りにおいて、発言を慎まなければならない事柄や、発言の内容に注意を払わなければならないものが含まれている。例えば、特定の政治思想を唱えて、学生を煽動するようなことはあってはならない。また、国政選挙などに際して特定の政党への投票を呼びかけるのも政治信条の押しつけであり、ルール違反になる。私たち教壇に立つ者が制約を感じていないことは、事実として無限の自由が付与されていることを含意しないのである。

カントもまた、わかりやすい例を挙げていた。

「たとえば、ある将校が上官から命令されて任務につきながら、その命令が目的に適ったものではないとか、役に立たないなどとあからさまに議論するとしたら、それはきわめて有害なことだろう。命令には服従しなければならないのである。しかしその将校が学者として、戦時の軍務における失策を指摘し、これを公衆に発表してその判断を仰ぐことが妨げられてはならないのは当然のことである。

また市民は、課せられた税金の支払いを拒むことはできない。そして支払い時期が訪れたときに、こうした課税について知ったかぶりに非難するのは、すべての人に反抗的な行為を唆しかねない不埒な行為《スキャンダル》として罰せられるべきである。しかしその人がこうした課税が適切でないか公正でないと判断して、学者としてその考えを公表することは、市民としての義務に反するものではない」(一六―七頁)。

納税者の例はわかりやすい。確定申告の季節が訪れると、多くの人が市役所や税務署に行く。納税は国民の義務であるが、しばしば見かけるのは、役場や税務署で税制を批判したり、税金の使い道について手厳しい指摘をする人たちの姿である。同じく税務署で列を作る第三者の目から見て、彼らの言葉に批評の価値を認められるだろうか。彼らは単に支払いを渋り、不平をこぼしているだけではないか。批判の言葉を個人的な不平で終わらせないためには、納税者としての利害から離れ、自分の利害とは無関係になるとき、つまり自由な発言の機会を得たときに限られる。そして、その場合にのみ、理性が公的に使用されたと言うことができる。

とはいえ納税者として種々の計算を行ない、法が定める通りに税を収めた経験は尊重されるべきだろう。学生として講義を聞き、教員として講義の準備をし、学生の反応を見た経験もまた、尊重されなければならない。肝心なのは、納税者の立場から離れ、学生や教員の役割から身を解き放って、経験した事柄を吟味し、私的な経験から一般的な問題を取り出すことである。そのとき、人は「学者」になるとカントは言う。

カントの用語法が紛らわしいのは、公私が通常とは逆向きになっていることに加え、この「学者」という語の位置にもかかわる。非常に厄介なところに厄介な言葉が出てきたが、慌てる必要はない。

カントの言う「学者」は、大学の教壇に立つ教授ではない。また、研究所で実験や観測にはげむ博士たちでもない。彼の言う「学者」は身分でも職業でもなく、反対に公的な身分や職業から離れなければ、「学者」のステイタスを獲得できない。それゆえ、ステイタスとはいえ、それはいかなるステイタスとも無縁であるときにのみ実現するステイタスであるから、社会的なステイタスではなく、理念的に構成されるだけのステイタスであることになる。その理念が現実になる様子を簡単に描いてみよう。

教授たちや博士たちが仕事を終え、家路に着く。帰宅し、夕食をとり、入浴を済ませ、自室でため息をつく。一日の仕事を終え、雑事から離れ、じっと物思いにふけるとき、彼らははじめて「学者」になるのだ。

同じように、会社員が我が家で憩いのひとときを過ごしながら、ある新聞記事をめぐって考えをめぐらすとき、彼らもまた「学者」になる。また、大学生が電車の中でニュース速報に触れ、眉をひそめ、腕組みして思索にふけるとき、彼らも「学者」になろうとしている。

困難の理由　自分の力だけで考え、判断できることが学者の条件だった。しかし、自分で考えようとしたところで必ずしも自分で考えることを達成できるとは限らない。何事によらず、できると思いこむことは、できることを保証しない。

啓蒙の定義を思い出そう。それは「未成年の状態から抜け出ること」であった。他人の力を借りなければ自分で考えられないのは未成年であり、自分で考えたつもりになっている者も同じく未成年である。できるつもりの段階を脱し、実際にできるようになったことが明らかになってはじめて成熟したということができる。しかし、成熟したという保証はどこから得られるのだろう。

自分の部屋で物思いにふけるだけでは「学者」になったとは言えない。どうすれば私たちは理性の公的な使用ができていると言えるのか。私たちは、親や教師が敷いたレールに乗って、他人が吹きこんだ思考のパターンをオウムのようにくり返しているだけなのに、自分で考えていると自惚れているにすぎないのではないか。あるいはネットで読んだ記事やテレビで見たキャスターの言葉を自分の言葉と取りちがえているだけではないだろうか。

なんとも覚束ないのは、自分自身の成熟の如何に関して、他人の判断を仰ぐわけにはいかないからだ。他人の判断を仰がなければならない段階は、他人の指導の下にあることと変わらない。そのような状態から脱することこそ成熟の条件だったはずだ。となれば、私の理性が一人歩きできているか否かを他人に見てもらうわけにはいかない。私が本当に一人立ちして、独力で歩くことができているのか否かについても、私は独力で判断しなければならないのである。

成熟の度合いを計測する外的な基準や条件はない。そのような基準や条件にしたがって測られること自体が成熟の定義に反する。そうである以上、成熟の条件は考える主体が自身に問い尋ね、内的に決定するよりほかにない。

2.　成熟の意味

テストの呪縛　成熟を決定する外的な基準はない。内的な基準にのみしたがうということは、基準がないと言っているに等しい。

カントは、彼自身の成熟について、われわれ現代人が感じるような不安や懸念を抱いてはいなかったようだ。すでに老人の域に達していたからかもしれないが、おそらくそれが理由ではない。ならば彼の疑念のなさに私たちは何を感じるべきだろうか。

たぶん、外的な基準に照らして判断しないと反射的に不安を覚える私たち自身の心性にこそ宿命的な未成熟の証拠がある。私たちの未成熟は、現代人に宿る本性ではない。二〇世紀のどこかで、私たちが突然、成熟を目標にしなくなったというわけでもない。

私たちは、子どもの頃からテストを受け、大人に判定されることによってしか自分の価値を認められなかった。今やテストによる包囲網は大人になったわれわれをも囲い込もうとしている。現代では、自分を導ける者が自分以外にないという段階を誰ひとり迎えることがなく、どれほど成長しようと次のテストが待ち受け、他者による判定の機会が終わらない。終いには、判定者たちの目がわれわれを逃さないようになるというより、われわれの方が不安に駆られ、言い知れぬ不安を晴らそうと判定者たちに評価を求めずにいられなくなってしまった。

対照的に、カントには自身の成熟に関する疑念はもちろん、自分の考えが他人の受け売りではないかといった不安もなければ、思想の成熟さ加減についての懸念もみられない。成熟の自覚が未熟者の独りよがりではないのか否か、といった疑念すらカントにはまったくみられない。

たぶん、カントは、私たちが心配するようなことには悩まされなかった。なぜなら成熟は理性の本性に属する事柄だからである。放っておいても成熟に向かうことが理性にとっては自然なのだ。ならば問題は理性の自然な成熟を妨げるものの方にある。

理性の成熟を阻む条件は理性それ自体のうちにない。それゆえ、理性の成熟が妨げられてはならないと言うとき、それは、外的な何ものによっても妨げられてはならないと付言しなければならない。すなわち、権力は、理性の成熟を決して阻んではならず、むしろ諸個人の自律した理性を保障し、庇護すべきなのである。

ごく簡単に言ってしまえば、カントの「啓蒙」が打ち立てようとしているのは、思想・信条の自由である。大人になるということは、自分の好奇心に対して正直に学問に触れ、真理や正義について自由に考え、判断し、さらには考えたり判断したことを発表する権利である。

他人の言葉をおうむ返ししたっていいじゃないか。ひとと似たような意見しか言えなくてもかまわない。大事なのは、その点ではなく、先ずは気になる情報を集め、自由気ままに考え、誰にでも意見を表明する環境が整っているということであり、かつ、それらのいずれについても決して誰からも妨げられたり、干渉されてはならないということにある。啓蒙とは第一に、人が自分を成熟させるということにあるが、第二には、その成熟プロセスにだれも干渉せず、何ものにも妨害されないということである。

権利としての自由　結果として、他人と同じ考えになるのはかまわない。カントにとって、そんなことは知ったことではない。それは個人の美学の問題でしかない。

そう、他人の意見に触発されることは十分にありうるし、人から影響される自由もあっていい。しかしながら、せっかく独りで考える自由を獲得したのに、その広大な自由を他人に譲り渡すのはいかにももったいない。加えて、十分に成熟した大人として意見を求められたとき、受け売りの台詞でごまかすのは、いかにもみっともない。みっともない振る舞いが啓蒙の目的地に設定されるわけがない。

ならば、かっこよい態度とはどんなものになるだろうか。いかにも万人受けしそうなことを言うことではないし、ひとの神経を逆撫でするような辛辣な言葉を吐き散らすことでもあるまい。しかし、やはりそれは美学の問題でしかない。

カントに美学的なベクトルがないかといえばそうとも言えない。彼は「学者」という言葉によってその方向性を示していた。学者に求められる美学的な態度とは何か？　たぶん思考の独自性である。独自であるためには、少なくともどういう条件が整っているべきか。独りになること、独力で考えること、独りで判断すること。何であれ、独りですること、または独りでしようとすることのうちに学者たらんとする態度が結集している。

カントの「学者」にモデルはあるのだろうか。孤独に真理を追求する学者の態度のうちに一種の美学が体現されているとして、その範を求めるべき人物像があるとすれば、おそらく古代ギリシアやローマの賢者たちの姿を想起するほかにないだろう。

古代世界において、賢者の生き方が切り拓いた「自由」の次元は限りなく大きい。近代科学もまた彼らが据えた土台の上に築かれたものだが、古代人のスタイリッシュな生き方には後で触れることにして、今は古代ギリシアが通商都市だった点に注意を払っておこう。そして、普遍の真理を追求する姿勢がどのようにしてコスモポリタニズムの回路に通ずるのかを考えておきたい。

思想や表現が他者から干渉されない社会では、諸個人の自由な活動が保障されているはずだ。自己の行動が他者からの干渉を受けないことは、自分もまた他者の自由に干渉しないことを含意している。そこに開かれるのは見知らぬ他者の自由な活動に寛容な社会であるだろう。商業や交易の自由に開かれた社会は、外国人の自由な往来にも開かれている。その開放性なくして普遍への回路も開かれはしない。なにが言いたいかというと、カントの「啓蒙とは何か」が切り拓いた次元は、そのままもう一つの重要な論考、「永遠平和のために」の土台を形成することになるのである。

3. 普遍的な「おもてなし」の原理

二種類の他者　独力で考え、判断する契機は、他者の指導から脱して、個人が自律に至る契機でもあった。「私」がそれまで依存し、指導を仰いできた「他者」は、未熟な若者を庇護し、成熟へと導いてきた大人たちである。成長の諸段階で、両親や祖父母、近所の大人たち、そして学校の先生たちがその役割を担ってきた。彼らはみな、「私」が所属する共同体のメンバーであり、それぞれが各人の属する集団を代表する人物であった。

すると、啓蒙はそれらのメンバーから離れ、彼らから距離を置いて、一種のよそ者になることを意味しないだろうか。それまで共同体内にあって、見知った集団の常識（共通感覚《コモンセンス》）の枠内で考え、判断していたとしたら、その常識人がそれまで当たり前だったことを疑い、自明な感覚から脱して、物事をゼロから考えなおすようになる。そのとき、人はそれまでの自分からまるでセミが殻を抜けるように抜け出し、別様な思考や判断のスタイルに到達しようと試みるだろう。

そんなことが簡単にできるのだろうか。悪い意味での自己啓発が過去の破壊を意味していたように、人格の破壊にならないだろうか。しかし、カントは「そうせよ」と言う。それは破壊でもマインド・コントロールでもなく「成熟」なのだ、と。「私」は今や共同体や国家、民族の常識から脱して、独りの大人となる。「私」は他のなにものにも寄り掛からず、独りで物事を考え、判断する。

ただし、カントが求めているのは、虚空で独り言を呟くことではない。成熟した個人にはなんらベクトルがないように見えて、ある明白な方向性がある。諸個人がそれまで帰属してきた家族や共同体、民族などは、いわば内部性の形式であり、求心的なベクトルをともなう。内部性の枠組みは、そのなかにあること自体に共通の感覚（方向性）をともなうだろう。集団への内属は、内外を画す線分にしたがって、外を弾いて内に向かい、内に向かう情動（愛着＝正の感情）もまた同じ線分を境にして外へ負の情動（憎悪）を向けようとする。自集団への愛着が他集団への排外主義を分泌し、他者に対する反動が内への執着を生むのである。

「私」の前に現われる第一の他者は、集団内の他者だった。啓蒙が期待する「成熟」を果たした者は、他者の庇護下から脱したのだから、馴染みの他者と再会するのではなく、第二の他者との遭遇を期待するにちがいない。新たな思考のあり方は、それゆえ、それまでの自明な感情や思考パターンから距離を置くことになる。また、その限りにおいて、啓蒙された理性は内向きの態度に距離を置き、外部に対する無批判な敵愾心にも距離を置くようになるだろう。

第一の他者がその庇護下から脱すべき他者であるとすれば、第二の他者は内外を画す境界線上に現われる未知の存在でなければならない。感情が未知の存在をどう感じようとも、理性は「私」の享受する自由が彼らにも保障されてしかるべきであると考えるだろう。私のいかなる思惟も、私のいかなる活動も、なにものによっても妨げられないものならば、私はまた彼のいかなる思惟やいかなる活動をも妨げはしないだろう。彼が私の発言や活動に干渉しないのと同様に、私も彼らの活動に決して干渉しないだろう。

私が彼ら外国人の訪問を歓迎し、彼らの自由な活動を受け入れるように、彼ら外国人も同様の態度を崩さないのであれば、私たちの姿勢と彼らの態度は「普遍的な歓待」にとって共通の土台になるだろう。私たちと彼らはそれゆえ次のように宣言する。私たち国際人《コスモポリタン》はいかなる外国人の訪問をも歓迎し、彼らが私たちを阻むことがない限りにおいて、いかなる他者のいかなる思惟やいかなる活動についても決して妨げられてはならない。

常識（コモンセンス）は、第一の他者が私と同じ集団に帰属する限りにおいて、お互いに暗黙のうちに通じ合っている共通感覚であった。他方、第二の他者とは帰属集団を同じくしないから、必ずしも感覚を共有しない。一方の他者とのあいだでは、いちいち説明しなくても「わかる、わかる」と言えるが、他方の他者とのあいだでは、どちらも相手に対して「それはわからない」と主張し、それゆえいちいち説明が必要になる。常識は第一の他者とのあいだの自明な知と感情の集合であり、その意味で思考の内容を指すが、第二の他者とのあいだでは会話の中身に入りこむ以前の問題となり、思考の構え、形式が問題となる。つまり、第二の他者とのあいだで問題化するのは、私や彼のそれぞれが囚われてきた思考の枠組みのあいだの齟齬なのである。互いに第二の他者として出会うとき、私たちは各人が自分の感覚が準拠する形式や、その枠組みを通した物事の感じ方や、判断の仕方について、ともに思いをめぐらせることになる。したがって、啓蒙が志向する成熟は、各人が自明な思考の内容を規定する形式から距離を置いて、互いの形式を通して物事を感じながら、他者の形式とのあいだに橋を架けようとする態度につながってゆくだろう。
こうして「啓蒙とは何か」が掲げた成熟の理念は、そのままの形で「永久平和のために」に接続され、普遍的歓待の理念を呼び込むことになる。世間知から脱して普遍を指向する態度は、第二の他者との新たな関係の構築に向かう点において、カントが掲げる「世界市民法」の土台にもなってゆく。

世界市民法へ　世界市民主義、すなわちコスモポリタニズムは、ギリシア語のコスモス（宇宙・世界）とポリテース（市民）に由来する。直訳すれば世界市民主義であるが、ギリシアにおけるコスモポリタニズムの担い手はキュニコス派からストア派にいたる少々変わった面々であった。当時はポリスの支配が次第に弱体化し、市民の関心もポリス中心から交易や通商を通じて徐々に国家を越えた政府の樹立を指向するようになっていった。ギリシア語の市民（ポリテース）はもともとポリスとのあいだで規定される身分規定であり、ある国家（都市）の市民にともなう法権利をも意味していた。それゆえ、ギリシアの市民が国家を越えた枠組みの中で新たな関係の樹立を構想するときは、世界政府とでもいうべきより大きな政治的枠組みを指向していたことになる。ポリス中心主義からコスモポリタニズムへ、という流れは、ポリスの限界突破を通商の自由に求めるという方向性ではなく、通商の自由を通じて、より大きなポリスを指向する態度に通じていた。市民の概念がポリスとの関係に規定されるという論理的な枠組みは、生きる世界が大きく広がり、コスモポリタンとなっても変わらなかった。

カントがコスモポリタニズムの中核に普遍的歓待の精神を据えるとき、彼は古代ギリシア人が思考したような、国家を越える大きな政府を構想していただろうか。少なくとも世界政府の視点から新たな市民像を描き出そうとしているようには読めない。むしろ力点は市民同士の礼節を尽くした関係にあり、世界政府の創設は二次的ないし補助的であったようにみえる。

ホスピタリティ　その理由は、いわゆる「おもてなし」の同義語とされるホスピタリティにある。ホスピタリティの語源はギリシア語ではなく、ラテン語のホスティス（敵）にある。ホスト、ホステス、ホテル、ホスピタルなど日本語に定着している語彙群もまた、同じくホスティスに起源する。エミール・バンヴェニストによれば、ホスピタリティの原義は交戦中の敵国人を客人として丁重にもてなす態度を意味していた（エミール・バンヴェニスト『インド＝ヨーロッパ諸制度語彙集Ⅰ』前田耕作監訳、言叢社、一九八六年。八七頁）。

ホスピタリティを敢えて「草の根」の営みと言いたくなるのは、ホスティス（敵）と対をなす語彙が「市民」を意味するラテン語の語彙、キーウィスだからだ。キーウィスは、ポリテースがポリスとの関係によって規定されるのとは対照的に、対等な市民の関係から出発して市民権を表現することになる。キーウィスとホスティスが対称をなすのは、前者が対等な市民のあいだの互恵性を表わすのに対して、後者は対等な者同士の敵対関係を表わしていたからだった。二項の対関係は対等かそうでないかで対立するのではなく、同じ対等な関係を規定する正負の記号によって対立していたのである。記号を反転すれば、友である者との互恵性を敵国からの訪問者にも適用できる。対等な関係性が第一次的であったからこそ、正負の反転が数学的とも言えるシンプルさで可能になったのである。

国が敵国をどう捉えているかはどうでもいい。共同体のメンバーが敵国人をいかに憎んでいるのかも関係ない。「彼（共同体の第三者）」が敵意や殺意を捨て、純粋に客人として我が国を訪ねてきたとき、彼を友として迎え、もてなすことができないとしたら、それこそ「私」の市民としての誇りに悖《もと》るのだ。私が一人前の大人として振る舞うことを求められるならば、たとえ交戦中の宿敵であっても、紳士として粗相があってはならない。また、敵国の戦士が紳士として手を差し出したなら、こちらも紳士として彼の手をしかと握り返さなければならない。

したがって、ホスピタリティの概念は、市民同士の礼儀作法を外交的な関係性に拡張する試みということができる。古代ローマ帝国が、言語も文化も異なる巨大帝国であったことを思えば、歓待の精神は市民の矜持であると同時に外交的な狡智でもあったのだろう。ただし、それは国家や政府の主導によるものではなく、むしろ草の根と形容されるべき市民の姿勢が根を張り、結果として外交に寄与するという類のものだったはずだ。

ローカルな自明性から離脱しようとすれば、より高次の真理を希求することになるのは言うまでもない。高次の真理は、ローカルな常識を越え出ようとする態度から生まれ、より普遍的な広がりをもつことになるだろう。私たちはその種の真理に関して、しばしば「神話から科学へ」というスローガンでまとめがちだが、視点を変えれば、家族から隣人愛へ、愛国心からコスモポリタニズムへ、という風に、内に閉じようとする愛着を外に開き、内向きに収束しようとする感情を外向きに発散させる操作に翻案できるだろう。求めるべき普遍は、それゆえ冒険的な方向転換の帰結として手にしうるものとなる。草の根の歓待から生まれる永久平和の試みは、根深い敵愾心を克服した地平にしか構築されないだろうが、永遠平和の理念が日々くり返される草の根の歓待に基づくかぎり、人は彼らの友愛が今後もつづくことを信じ、毎日不断に確認するようにして、世界政府を希求することになってゆく。

4. 困難

反—民主主義の理由　カントが「永遠平和のために」を書いたのは、一七九五年のことだった。革命後のフランスは混乱のさなかにあり、ヨーロッパにはフランスを火種とした戦乱が吹き荒れていた。次々に反乱が起き、経済は混乱し、内戦が勃発した。革命後のフランスは市民政治の理想を体現するどころか、恐怖政治《テロリズム》の深淵に堕ち、流血が絶えることはなかった。理想に燃える青年ロベスピエールが大殺戮者となり、間もなく失脚し、処刑されたのが「永遠平和のために」が発表された九五年のことだった。すぐにナポレオンが台頭してくることを考えれば、一つの諍《いさか》いが終わっても、単なる息継ぎにすぎず、戦乱に次ぐ戦乱の時代がつづくのをカントはやや遠巻きに見つめていたのかもしれない。

今、あらためて「永遠平和のために」を読み返してみて、「なるほど」と思える点が三つほどある。

一つは、カントが必ずしも民主制を評価していない点である。フランス革命はまだよいとしても、革命後の混乱と馬鹿げた処刑騒ぎを遠巻きに眺めていながら、野放図に民主主義を礼讃できるとしたら、よほどの能天気にちがいない。当時の人々の目に民衆がどう映ったかといえば、おそらく「暴徒」であり「群集」である。カントは民衆の直接行動に「混乱」と「暴力」を見ていたにちがいない。「暴力」は「理性」の蹂躙であり「理性」と「思考」の否定である。その暴力の主体である「民衆」による統治を素直に認められるほど、なまやさしい時代状況ではなかったはずだ。

鎖国の高評価　二つ目は、日本の鎖国を評価していた点である。永遠平和の基礎部分に据えられたものを思い出そう。外国人が自由に他国を訪問する権利と、外国からの訪問者を客人として歓迎する義務である。日本の鎖国は、それらの権利・義務をともに著しく制限するか、もしくは完全に拒否していた。カントが、にもかかわらず日本の鎖国制度を評価したのは、その制度があったがために西洋からの来客を締め出し、列強による支配を免れることができたからである。中国の制限よりも、日本の徹底した拒否の方を高く評価していたのは、一九世紀に両国がたどる歴史から見ても怜悧な観察であり、適切な判断だったと言えるだろう。

それゆえ、訪問の権利と歓待の義務は、二国間の関係が支配・被支配につながるかぎりにおいて、国家や政府の首脳のあいだで進められるべきものではないことがわかる。つまり、コスモポリスは、ポリス間の関係ではありえないのだ。永久平和の試みが宗主国と植民地の関係に帰着するなど、断じてあってはならない。対等な関係は、あくまでも市民レベルの交流から始まり、彼らの私的な関係から築かれるものでなければならず、国家の役割は草の根で始まった関係を阻まず、ただ保障することにとどめなければならない。

とはいえ、市民のあいだで高まりを見せる関係は必ずしも民主主義を含意しない。「暴徒」と化した民衆を主体とするかぎりにおいて、民主主義は暴政であり、そこから歓待が生まれることはありえないからだ。ということは歓待の主体は集団としての民衆ではなく、市井の人という意味で、常に一個人を担い手とし、彼の紳士的な振る舞いから出発することになるだろう。こうして「永久平和のために」も、人は集団から脱し、国家からも距離を置き、一個人に立ち戻って理性を取り戻し、他国の友に手を差し出さなければならない。「永遠平和のために」から再び「啓蒙とは何か」に戻り、出発点にして立脚点は普遍を求め、常識からも国家からも等しく距離を置く一個人であることを確認し、その上で二〇世紀初頭に移行するとしよう。

第四章　マックス・ウェーバーと科学者の矜持

1.　二〇世紀、科学の時代

一九世紀の半ばから二〇世紀の初頭まで、諸科学は大きく編成を変えることになった。学者たちは、自分たちの認識が根底から変わり、視野に新たな世界が出現し、それまで見えなかった地平を見いだすことになった。ベルンハルト・リーマンは非ユークリッド空間を発見し、ジョルジュ・キュヴィエは地殻の中に生物の大規模な「絶滅」の痕跡を発見し、ダーウィンはガラパゴスに暮らす鳥たちの嘴《くちばし》のちがいから「進化」を確信した。ジグムント・フロイトとピエール・ジャネは人の心の中に「無意識」という光の差さない領域を発見し、ル・ボンとガブリエル・タルドは「群衆」という不可解な生き物を発見した。ウィルヘルム・レントゲンは「エックス線」という名の謎めいた電磁波に当惑し、アンリ・ベクレルは引き出しの奥にしまった感光板の異変から放射性同位体を発見した。そして、アルベルト・アインシュタインはニュートンの絶対空間と絶対時間を排して、宇宙を一元化された「時空」に変えてしまった。

マックス・ウェーバーが『職業としての学問』を発表したのは、そういった諸々の成果が発表され、人々の世界観を一新してしまった後のことである。この高名な講演が本として上梓されたのは一九一九年のことだが、翌二〇年にマックス・ウェーバーはこの世を去っている。同名の講演が行なわれたのは一九一七年のことだった。第一次大戦が終結するのが一九一八年なので、講演会そのものは戦時中の飢えと混迷のさなかに開催されていたことになる。そして、第一次大戦後のドイツが辿ることになる最悪のプロセスの原因となったのは、ヴェルサイユ条約がドイツに課した莫大な補償金にほかならないが、その不吉な条約が締結されたのと同じ年に『職業としての学問』は発表された。

最初の世界戦争　第一次世界大戦は、いわば人間が初めて経験した世界戦争だった。人々はカントの願いが「これでやっと叶う」と（愚かにも）信じた。人類はこれまでも平和の実現を何度も望んだが、どういうわけか戦乱の終結に平和の訪れを感じながらも、その平和が長くつづくとは考えなかった。氷期と氷期のあいだに間氷期があるように、平和もまた戦争と戦争の端境期《はざかいき》のようなものと考えられていた。

しかし、今度こそ、そうはならないと人々は信じた。長くつづいた戦争の時代は、なんとしても終わらせなければならないのだが、その時代にピリオドを打つのもまた戦争にほかならなかった。第一次世界大戦は、それまでの戦争の歴史のなかでもとびきり規模の大きい戦争だった。人類は、その史上最大の戦争を経験することで、延々と明け暮れてきた戦争の歴史からやっと抜け出すことができると夢みた。すぐに終わるこの大戦さえ切り抜ければ、血腥《ちなまぐさ》い歴史がやっと幕を閉じると、淡い期待を抱いていたのである。最後のはずだった戦いが、ほぼ全員の予想に反して、いたずらに長引き、終わらせようにも終わってくれず、決着が見えない凄惨な膠着状態に陥ることになるなどと、参戦したどの国の指導者も想像だにしていなかった。

したがって、一九一七年の人類は、史上でも類を見ないほどの悲惨と愚劣を極めたところにいて、希望もなければ展望もない疲労の極にあった。辛うじて大地に立っていたものの、どちらに足を踏み出してよいものか、とんとわからないでいた。

人々は時代の趨勢に戸惑い、指導者層に対する苛立ちを隠さなかった。学生たちは既成の権威に不信感を露わにし、こんな世界を作った年長者に対してケンカを売らんばかりになっていた。その一方、先の見えない世界に身を置いていたからか、あたかも老賢者の見識に寄り掛かるようにして、教壇に立つ者たちに対して、理不尽とも思える過大な期待を寄せてもいた。挑戦的な空気と理不尽な期待をともに押し返そうとしたからなのか、当日のウェーバーは若き聴衆を前にして、まるで挑みかかるような調子で語ったと伝えられている。当時の学生たちのあいだに蔓延していた空気はいわゆる「反‐知性主義」だった。しかし『職業としての学問』を開いてみると、学生たちをいたずらに挑発したり威嚇するような発言は見られない。かといって彼らを失望ないし落胆させるような媚びた姿勢はもちろんなく、大先生ぶった居丈高な態度を見せる素振りもない。

代わりに透かし見えるのは獲物にせまる狩人のような足取りである。徐々に獲物に接近し、狙いを定め、照準を絞り、確実に仕留める。

些か教科書じみた物言いになるが、『職業としての学問』には二つのポイントがあり、それらを梃子にして学問の使命とそのありうべき姿が提示される。二つのポイントとは脱呪術化と価値自由である。いずれも多くの誤解にさらされてきた考えでもあるので、おさらいの意味を含め、じっくり検討しておこう。

2. 脱呪術化

呪術とはなにか?　先ず注意を要するのは、ウェーバーが必ずしも呪術的な思考を軽視しているわけではなく、それを排そうと企んでいたわけでもないという点である。呪術的な思考は、蒙昧の証しではないし、科学的な客観主義は無条件に礼賛されるべきものでもない。語られているのは、認識に関する変化であり、その変化を時代意識として語ろうとする意志である。人間が身の周りの事象を認識する際に、それらを見聞きし、判断する枠組みが変わったのだという。人々の認識に根底的な変化が生じ、一大転換が起きた。その変化ないし転換を「脱呪術化」と呼ぶ。「脱——」と言われる以上、先ずは呪術的認識の特徴を知っておかなければならない。ありていに言えば、必ずしも因果連関に基づかない思考といえばよいだろう。類似や観念連合によって本来は結びついていないものたちを結びつけたり、まったくつながりのないものを関連させて考える方法である。距離や時間が隔絶したもの、大小や性質の著しく異なるものを結びつけ、それらの意味を一挙に把握し、もって世界を漸進的に理解してゆく方法である。マルセル・モースは科学的な因果論に代わる認識の方法と呼び、クロード・レヴィ＝ストロースは「野生の思考」と呼んだが、ともに西欧近代の科学的認識とは性質を異にするけれども、それ自体として十分に合理的な認識の技法と捉えていた。理に適っていない思考ではなく、別様な仕方で理に適っている思考というのが大事なポイントである。

抽象的な定義の確認をしたところで一つ、具体例を出しておこう。占星術が好きな人は今も多い。夜空に広がる星々の配置が地上の人間の運勢に結びつけられ、意味の織物が紡がれてゆく。その体系はそれ自体として完結し、相応に興味深い点もある。しかし、天体物理学の観点からすれば、説得力は限りなくゼロに近い。天体観測に役立たないどころか、せいぜい有害な不純物であるか、よくて迷惑な先入観のたぐいでしかないだろう。

もし私が雑誌の星占いコーナーを開いたら、習慣上、「かに座」の欄に反射的に目が行く。誕生日がいわゆる「かに座」の範囲にあるからだ。「ふむふむ」と納得したあと、あらためて夜空を見上げ、かに座に当たる区域について考えてみる。約三〇〇光年ほど離れたところにアルタルフという太陽の二・五倍ほどの質量をほこる大きな恒星がある。私とアルタルフを隔てる巨大な距離を考えると、そこから届く光の煌めきがまさか私の運勢に関係するなどとはとうてい思えない。なぜなら、たとえその星が私の存在に気づいてくれたとしても、大切なアドバイスを信号として受け取るのに要する時間は最短でも三〇〇年になり、私がそれまで生きながらえる可能性は皆無だからである。三五億光年の彼方には「OJ二八七」と名づけられた巨大ブラックホールがあるらしい。ブラックホールの大きさを表わす基準としてシュヴァルツシルト半径というものがあるが、それに換算すると太陽でさえ三キロメートル程度になってしまうのに、OJ二八七の場合は五三〇億キロメートルにもなるという。質量は太陽の一八〇億倍だそうだ。そこまで強力な星なら我ら「かに座」の人々に多大な恩恵を与えてくれてもよさそうなものだが、こちらの情報がOJ二八七まで達して、OJ二八七からの恩恵がこちらに届くまでに最高速（光速）でも七〇億年の年月を要する。となると、挨拶の言葉を交わすだけでも困難を極めると言わなければならない。

このようなことを考え合わせると、天文学的観点からすれば占星術には何ら意味がないということになる。学問的な価値は実際に皆無だろうが、そのことにより占星術がそれ自体として無意味だと断定するものではない。意味の秩序がちがうのだ。やや厳密に言えば、占星術の拠って立つ意味の秩序が天体物理学の世界とはそもそも異なっているのである。

まじないやお守りには意味がないのではない。それらが意味をもつ体系を参照すれば、固有の意味の織物が広がり、どのように力が配分され、それらの力がいかに担われているのかがわかる。

しかも、脱呪術化は、私たち近代人が科学の登場によって、迷信の呪縛から解放されたと言っているのではない。私たちは解放されるどころか、いまだ迷信の囚われ人のままだ。ウェーバーはそのことを否定しないし、非難しようともしていない。私たちは今でもまじないやお祈りをするし、半信半疑と言いながらも迷信にすがる。カレンダーの仏滅や一三日の金曜日を、さしたる理由もなしに不吉と感じ、予定を変更する人も多い。

しかし、迷信の囚われ人である我々でさえ、銀行のキャッシュディスペンサーの中に小さな妖精が隠れていて、お金をいちいち数えているとは思わない。いや、たとえそう思っていたとしても、機械を操作できればそれでよい。また、電車が止まったのは、今朝、いつものおまじないをし忘れたからだとも悔やんだりもしないだろう。いや、たとえ悔やんだとしても、乗り換えの手段を講じて無事に目的地に辿り着ければそれでよい。仏滅だからといって学校を休んだりしないし、一三日の金曜日だからといって家から一歩も出ずに布団をかぶって一日をやり過ごすわけでもない。不吉と思いながらも恙《つつが》なく一日を過ごすことができれば、それでよい。

また、我々がキャッシュディスペンサーの妖精を信じていないからといって、目の前の機械が作動するメカニズムを詳細にわたって理解しているわけではない。電車が止まった理由はアナウンスがあったから知っているが、そもそも今まできちんと動いていた理由が正確にわかるかといえば、さしたる自信があるわけでもない。蒸気機関車とディーゼル車、電車がそれぞれ異なる原理で駆動力を得ているのはわかっているが、詳細まで精通しているのは相当マニアックな人にかぎられるだろう。

脱呪術化の定義

ウェーバーの言う脱呪術化は、それらの秩序の詳細を「わかっている」ことを要求しないし期待もしていない。機械を動かしている力について、原理や機構はわからないが少なくとも超自然的な原因によるものではないとわかっていれば、それだけで条件は満たされている。なおかつ研鑽を積みさえすれば、覚束ないなりに詳細もわかるようになると了解していれば、なおよいし、十分に脱呪術化は達成されている。つまり、あらゆる分野の技術について詳細が「わかる」ようになると思えなくとも、いくつかの分野において実際に仕事に携わり、訓練を受け、熟練していけば「わかる」と信じることができるだろう。そう信じられる点において、ウェーバーの「脱呪術化」はエミール・デュルケームの言う「分業化」の本質をも的確に捉えている。

分業が進んだ社会では、専門的な技術者が厖大な数に膨れあがり、その数はますます増えてゆく。その意味で、分業社会とは、一人ですべての仕事をこなすのを人々があきらめた社会でもある。一人ではとてもまかないきれないと人々が断念し、分業による相互依存の状態を受け入れたなら、そのときから、人はなにもかもに通じることは不可能だが、各人がそれぞれの専門技術に通じていれば、複雑怪奇な分業の秩序を維持できると信じられるようになった。したがって、近代人は、複雑かつ何層にも張りめぐらされた業務の網目に組みこまれ、顔の見えない無数の人々の依存関係によって生活を維持しているということを、合理的に理解し、受け入れているのである。この、全貌も詳細もわかるはずがないと了解しながらも、捉えきれないほど巨大なネットワークが我々の社会であることを「合理的」に了解していることが脱呪術化の核心にある。

分業社会が歴史のどの地点で出現したのかはわからない。ただ一つ言えるのは、いわゆる未開社会における分業は性分業ただ一つに限られるということだ。マーシャル・サーリンズが述べていたように、彼らの社会には性による分業以外の分業がない。男は男のする仕事すべてをこなし、女は女のする仕事すべてをこなす。それゆえ一組の男女が契《ちぎ》りを結ぶと、その社会で求められる仕事のすべてをカバーできてしまう。となれば、一組の男女をその社会につなぎとめておく力もきわめて小さくなるだろう。相互依存のネットワークが人々を共同体につなぎとめる絆になっているとすれば、分業が少ないということは、それだけ絆の力が弱く、小さいということを意味する。したがって、縁組をはじめとする互酬性の秩序は、原始的な社会の依存関係の深さを物語る尺度ではなく、きわめて独立性の高い夫婦をかろうじて当該社会にとどめおくための か細い絆でしかないと言えるだろう（マーシャル・サーリンズ『石器時代の経済学』山内昶訳、法政大学出版局、一九八四年。九四頁）。

実際、素朴な社会の人々は自分たちで火を起こし、水を汲み、獲物を仕留める。各人が木の実を拾い、果実を摘み、草を刈る。そして、ここが大事なことだが、彼らは絶対に必要量以上のものを生産しない。「もっと働け」と強要する者はおらず、もし労働の強要があれば社会はたちまち分解し、解散の憂き目に遭うだろう。実際、人類学者の多くが算定するところによれば、彼らの労働時間は驚くほど短く、一日にせいぜい二、三時間でしかなく、しかも労働に割く季節もごく短い期間に限られているそうだ。支配・被支配につながる命令・服従関係も、非常時を除けばないに等しい。それゆえ、サーリンズは未開社会の秩序は「反社会」のうえに基礎づけられていると断定していたのである（サーリンズ、一〇四頁）。

それに対し、近代人はどうだろう。どっぷり相互依存関係に身を埋め、社会的な絆にがんじがらめになっている。私たちは、わずかな給与から料金を支払って電気を買い、明かりを灯す。私たちはガスを買って火を起こし、自分で水を汲みに行かず、人が作った食事をスーパーやコンビニで購入する。我々は素朴な暮らしをする人々よりも快適な暮らしを謳歌していると思っている。しかし、私たちには必要量の労働という観点を取ることができない。なにがどれだけ必要になるから、労働量はこれくらいになるはずだと個人が勝手に推定できるほど単純な社会ではなくなってしまった。それゆえ、私たちは誰かに命じられて働くのであり、これまた複雑な依存関係にからめとられ、社会や組織にがんじがらめになり、今も手足をきつく縛られている。

二種類の認識　とはいえ、その対比によって、未開社会に憧れを抱くつもりはない。私たちが複雑怪奇な技術にからめとられているのに対し、彼らの多くはきわめて面倒な儀礼の数々に強迫的に結び付けられている。私たちの社会にも、色々な縁起をかついで、日常のあれこれについて細かな取り決めをしている人がいる。靴下は右から履くだの、試合に勝ったら翌日も同じパンツで試合にのぞむ、とか。このようなどうでもよい縁起かつぎの超ハード版にしてウルトラ神経質ヴァージョンを共同体の全体でかたくなに守っているのが未開社会なのだ。あっちはあっちで、ちょっと面倒くさいのだ。

私たちは、近代人の身の上を嘆きたくなるものだが、未開社会にも相応の堅苦しさや面倒くささがある。私たちの社会でも奇怪な縁起を担ぐ人がいるように、呪術的認識は、私たち近代人とも無縁ではない。呪術はそれぞれの文化において、世界を全体として理解する手っとり早い方法である。全宇宙に関する大雑把な把握であり、もう少し詳しく言うと、網羅的かつ包括的な世界把握の方法である。全員が全体を把握するシステムとして、呪術はシンプルですぐれた方法である。

それに対し、脱呪術化した社会における認識は、技術であれ自然認識であれ、誰一人として詳細かつ網羅的な知に至ることができないということを前提にしている。言い換えれば、どんなに研鑽を積もうが、個人の知識が世界を覆い尽くすことはなく、どこまで行っても半端ないし未熟な状態に甘んじざるを得ない。それゆえウェーバーが告げているように、近代人は生きることに飽くことはないものの、その反面、新奇さに囲まれながら同時に救い難い未成熟もまた日々産み落とされることになる。私たちは、社会の成熟を刻一刻と眺めながら、ますます自分たちが未熟になっていくこと、つまり次々に現われる新奇なものたちに置いてきぼりにされていることを認めないわけにはいかないのである。

要するに、質的に異なる二つの認識方法があるということだ。それらのあいだにあるのは優劣ではなく、単なるちがいである。その証拠というわけではないが、すっかり脱呪術化したはずの近代人でさえ、またぞろお守りにすがり、縁起をかつぎ、今日の運勢を気にしている。近代人が呪術から完全に脱却したことはないし、迷信をきれいに払拭したこともない。ただし、私たち近代人は、日々の暮らしを営む態度の根本において、科学技術的な合理性に「信」を置いているのである。生活態度において科学技術に「信」を置くということは、トイレが故障したのは私の行ないの悪さが原因ではなく、それゆえ反省し、行動をあらためるのではなく、ともかく水道屋さんに電話を入れ、故障の事実を伝え、修理の依頼をするという態度に表われている。もちろん、普段の行ないの悪さを反省するのはかまわない。大事なのは、それはそれとして、いち早く専門的な技術者に故障の事実を告げ、修理の依頼をすることであり、そのような行為に近代社会が専門分化し、高度化していることが集約されている。私たちは専門的な技術者に「信」を置くことでもって、同時に専門分化し、高度化し、それゆえ相互に依存せざるを得ない社会のあり方に対しても「信」の在り処を定めているのである。

したがって、脱呪術化が進行していくことにより、私たちは相対的に非力になり、より無力に近づいてゆくことになる。裏を返せば、分化した各専門分野は日々高度化し、私たちの相対的な非力さの進行は、社会の専門化・高度化を裏書きしていることになる。諸個人が相対的に非力になるのは、各人がそれぞれの分野で高度に専門化してゆくのと裏腹の関係にあり、悲しむべきことではないようだ。ならば、いわゆる「専門外」の知識について知らん顔を決めこみ、無知に甘んじていればよいのかというと、話はそう単純ではない。

問題は無知と未知のちがいにあり、また無知と既知の乖離がさらに問題をややこしくしている。それらのなにが問題なのかは、次章でしっかり考えてみたい。

ただし、次章に進む前にもう一つのテーマを検討しておかなければならない。

3. 価値自由

合理的判断　さて、二つ目の論点である「価値自由」は、以上のような脱呪術化の過程がその帰結として私たちに形成させるある態度である。もしくは、ある態度を形成させる認識のベクトルに関係する。
右の簡単な例を引き続き使いながら考えよう。いきなりトイレが故障した。困った出来事であり、日常生活に支障をきたす。その意味では、都合の「わるい」ことが起きた。しかし、我々はトイレの故障を「わるい」と感じるものの、道徳的な「悪」に結びつけたりしない。私たちは日々の行ないについても、ふつうは「善し悪し」に結びつけて判断しない。おなかの調子が「わるいかも」と感じても、自分の消化器系を断罪すべきだと思ったりしない。また、ガスコンロの調子が悪くなったとしても、耐用年限の問題や部品の劣化を心配するのがふつうであって、ガス会社の社員の呪いのせいだとは思わないだろう。いわんや家族の誰かれの今日の運勢が悪かったためだと考えたりもしないだろう。

このように「ふつう」に判断するとき、私たちは事実関係に関する認識から呪術的な連想を切り離すだけでなく、道徳的な判断を下すことも差し控えている。言い換えれば、認識から価値判断を切り離している。それゆえ「価値自由」の概念は当初、「価値判断排除」という大仰な訳語を与えられることもあった。その場合には、事実認識に集中すべく、呪術的連想を持ち込まず、道徳的判断を控えるようにして、科学的客観主義に徹することが「善」であるとの含意があった。認識を曇らせるような「善悪の判断」が認識に混入してはならないが、ノイズが混入していない、いわば無色透明な認識の達成は即座に「善」とみなされた。

しかしながら、トイレの故障に際して水道屋さんに電話を入れ、コンロの調子が悪くなってガス会社に電話をかけるとき、私たちの態度は客観主義を礼讃する立場から価値判断を控えているのだろうか。呪術をもちこまず、いたずらに誰かれのせいだと言わなかったのは、目下の用件に予断が混入するのを避け、事実関係の円滑な伝達を優先していたにすぎない。もしかしたら日々の行ない（トイレ掃除を怠けたとか、コンロを粗末に扱ってきたとか）に問題があったのかもしれないが、そのことの是非は取り敢えず措くという態度が肝腎なのだ。早急に事態の改善を図りたければ、誰かのせいにしたり、普段の行ないの是非を問うたりするのはやめて、先ずは故障や不調の原因がどこにあるのかを明らかにしなければならない。たとえ事の善し悪しが気になるとしても、真っ先にその点に踏みこむのは控えなければならない。いわんやガス会社の担当者に家族についての不満を愚痴るのは時間の浪費であるから控えるべきだと考えるだろう。このような論理を貫いているのは、認識における客観主義ではなく、行動の水準における合理性だろう。

くり返すが、こうした行動様式ないし態度形成は科学的な客観主義をことさらに尊ぶことに由来してはいない。修繕を最優先に考えていたわけだから、ある価値を優先していたわけであり、それゆえ、あらゆる価値判断を差し控えていたわけでもない。私たちは生活上の優先順位の秩序を参照し、その上で言語と行為を合理的に組み立てているだけである。目的は一刻も早い機能の回復にあるから、当該地域でもっとも信用されている会社に電話を入れたのは、「目的合理的」に正しい選択だった。

価値判断を控えろ？　また、価値自由は、「価値からの自由」を含意するからといって、対立する価値観のいずれにも与することなく、中立的な態度に徹するということでもない。ある意味、学問に携わる者にマッチョなまでの精神性を要求し続けたウェーバーが、迷える学生たちを前にして、まさか取り澄ました中立性を勧めたとは考え難い。いわゆる「客観性」論文を開いてみれば、やたらと中立性を標榜する連中に対して、ウェーバーは怒りを露わにしながら「やつらこそ敵だ、闘いだって辞さないぞ」と言わんばかりになっていたではないか（マックス・ウェーバー『社会科学と社会政策にかかわる認識の「客観性」』富永祐治・立野保男訳、岩波文庫。一九九八年。四二頁）。

例えば、営利企業の場合、より多くの利益を目指して合理的に行動を組み立てるわけだから、社員を行動に駆り立てる価値は明白である。トイレやコンロの故障の例でも、行動の方針を決める価値観は始めから疑う余地がない。電話連絡をする側も受話器をとる側も、互いの価値関係を了解しているからこそ円滑な意思の疎通が図られる。「ただ、技術者のばあいに肝心なことは、かれらにはいつも目的が与えられているということである。これに反して、こうした目的は、真に『究極的』な問題を取り扱おうとするかぎり、われわれ教師のばあいには与えられない」（マックス・ウェーバー『職業としての学問』尾高邦雄訳、岩波文庫、一九三六、八〇年。六二―二三頁）。技術者にとって「目的」が明白ならば、拠って立つ価値観もおのずから明らかであるが、学問の場合、目的地はこれから開始する探究の先にようやく見えてくるものであることが少なくないし、最初はその朧《おぼろ》げな姿すら捉えられないことが珍しくない。

雑音としての価値

どうやら価値自由は、価値判断の排除ではなさそうだし、価値の中立性でもなさそうだ。素朴な客観主義礼讃でもなければ、なんでもほどほどのところで手を打つ中庸主義でもない。ならば価値の自由主義ということになるのだろうか。事実、「価値自由」の概念を、あたかも諸価値の自由主義であるかのように考える人も少なくない。すなわち、研究者がおのれの拠って立つ価値に自覚的でありさえすれば、どんな動機から研究に取り組んでもよいし、どんな価値観に基づいて仕事を遂行してもよい、と。このような考え方をする研究者は、ことさらウェーバーの名を持ち出さなくともたくさんいるだろうし、さして珍しくもない。ウェーバーの言うように「無前提」な学問がありえない以上、スタート地点に何らかの価値が絡んでいるのは自明であり、そのこと自体はなんら問題ではない。ベクトルらしきものがなにもなく、スカラーのみを問題にしたような研究も少なくないが、それでも研究それ自体が無前提であるわけではないし、なんら方向性がないというわけでもない。

　むしろ問題があるとすれば、おのれの抱く価値に自覚的であるという思い込みの方であろう。価値の自由主義には軽はずみな自惚れがつきものである。自由を謳歌した結果、専門家としてその道を究めたと勘違いさせてしまったのかもしれない。その救いがたい思い上がりが学問の名の下に余計なだけの教訓を垂れさせてしまうのである。その種のもっともらしいだけの教訓は、ある種の口癖や習慣となって、研究そのものに害を及ぼすようになるだろう。教訓がお話の着地点になるとき、お話がそこで停止するのと同様のことが研究においても起きてしまうからだ。ある意味、教壇に立つ者の悪癖の一つと言っても過言ではないが、それこそ『職業としての学問』が「知的廉直」の名の下に斥けようとした姿勢につながっている。「実際、わたくしは学問の歴史に徴して、主観的な価値判断を事とする学者がいるときにはきまって事実の真の認識がやまってしまうということを立証したいと思う」（同、五一頁）。
「やまる」とは途中で止まってしまい、目的地まで辿り着かないことである。ポイントは出発点の価値如何ではなく、それが探究のプロセスを途中で止めてしまったり、誤った方向に歪めてしまうことにある。たとえ探究を終わらせることがないとしても、強すぎる意欲や信念は探究を可能にするどころか、むしろ阻むものとなるだろう。ほしい結論が最初から決まっているような場合には、検討すべき材料群が前もって恣意的に狭められてしまいがちだ。あるいは恣意的に資料を絞り込んでおいて、はじめから決まっていた結論のおうむ返しにしか行き着かないように操作された研究も少なくない。それらの場合は出発点に前もって結論が隠されていたのだから、探究そのものは始まってすらいなかったのである。

カントの「啓蒙とは何か」を想起し、税制批判の正当性に関するくだりを思い出してみよう。納税者の立場にあるときに現行の税制を批判するのは、当事者としての利害が絡んだ言いがかりでしかないから正当性を欠く。ただし同じ人物が税制改革に際して私人の立場から批判するのは、しごく正当な言論として認められなければならない。

死刑反対の法律家　似たような例を考えてみよう。ある法律家が私人として死刑制度を考察し、死刑制度の存続を批判的に捉えるようになった。彼が自分の感じるとおりに主張し、死刑制度の廃止を訴えるのは自由であり、また正当でもある。しかし彼が私人としての主張を裁判官や弁護士の職務にもちこみ、最高刑に処せられるべき（と彼自身が信じる）被告に対し、現行の最高刑である死刑を求刑しなかった（もしくは彼自身が明らかに信じていない無罪を主張した）とすれば、その行為は専門的な法律家の職務に反している。ウェーバーの言葉を用いるなら、その行為は著しく「不埒《スキャンダル》」になるだろう。最高刑に値する犯罪者と確信しながら、日頃の思想が「死刑」に反対だからといって、その被告に最高刑（死刑）を求刑しなかったり、死刑判決を下さなかったりしたら、それは理性の私的使用の原則に反する行ないとなる。彼らは原則に反して、職務に「理性の公的な使用」をもちこんだのであり、その点でルール違反になる。

原則から言えば、その法律家は政治家に転身して、死刑制度を廃止する法案を起草すべきだろう。少なくとも、現行法の最高刑に死刑があるかぎり、自分の主義主張にしたがって、死刑判決を阻んだり、控えたりするのは法治主義に反するばかりか、職業倫理にも反する――あくまでも原則論にすぎないのだが……。

シンドラーの行為　というのも、ルールに違反しているからといって、即座になにもかもダメなのかというと、そうではない事柄が多々あるのが判断の難しいところだからである。例えば、ナチス・ドイツの方針に抗ってユダヤ人を救ったオスカー・シンドラーであれ、日本政府の方針に反して、ユダヤ人にビザを発効し続けた杉原千畝であれ、彼らは職務に不実な形で、自らの私的判断を貫いた。だから、彼らのやったことは国や政府の視点では「スキャンダラス」だろうが、一個人ないし人間としてみれば偉大と言わざるを得ない。

また、ユダヤ人の殺戮に先立ち、病院内で障害者の虐殺を行なっていたとき、フォン・ガーレン枢機卿が蛮行を断罪する内容の講演を行ない、その内容をビラにして大量に配布したことも記憶にとどめるべき価値がある。彼は影響力のあるキリスト教司祭の立場から説教を行なったのだが、その行動は教会の威信を背に受けたというよりも、個人的な倫理観とキリスト教司祭の使命とが入り交じったものだったと言えよう。しかし、その使命感が職務を越えていたという意味で、彼の行動はカントが「啓蒙」のなかで言及した次の態度と緊密に結びつく。

「だから教会から任命された牧師が、教区の信者たちを前にして理性を行使するのは、私的な利用にすぎない。教区の集まりは、それがどれほど大規模なものであっても、内輪の集まりにすぎないからだ。この理性の私的な利用の場合には、牧師は自由ではないし、他者から委託された任務を遂行しているのだから、自由であることは許されない。ところが同じ牧師が学者として、本来の意味での公衆に、すなわち世界に向かって文章を発表し、語りかけるときには、理性を公的に利用する聖職者として行動しているのであり、みずからの理性を利用し、独自の人格として語りかける無制約な自由を享受するのである」（カント、一八頁）。

カントは無制限な自由と世界に向かってなされる発言をここで結び付けている。となれば、シンドラーや杉原を突き動かした個人的な信念がなにと結びつくのかも自明だろう。彼らの態度は職務や国家を越えて、世界に対して意味をもつのである。彼らが職務や国是に反する行動を私的な判断によって貫いた点に、世界は驚嘆すべき勇敢さを見るのである。そして、そのような職分からの踏み外しを拒否しているようにみえる点において、ウェーバーの学問論はのちに批判の対象にされることになる。ウェーバーは学問の専門分化と高度化により、研究者にはあたかも理性の私的利用しか許されていないかのような議論を展開しているのである。

とはいえ、先を急ぐのはよくない。問題は、どうしてそのような論理展開をしなければならなかったか、である。

仮想敵　ウェーバーは、大学の教壇に立つ教師の態度として、指導者や預言者のふりをする風潮をたしなめ、斥けようとしていた。何より強く意識していたのは、当時の世界を激しく揺さぶっていたマルクス主義である。カール・マルクスの著作に端を発する共産主義・社会主義の猛威は、二一世紀を生きる私たちにはややわかりにくいところがあるかもしれない。政治運動と経済分析が一体化したマルクス主義の思潮は、客観的な「科学」を標榜していながら、宗教的ともいえる教条主義的な主張を前面に押し出していた。乱暴を承知でまとめるなら、マルクス主義とは科学の装いを凝らした世界観だったのである。ウェーバーにしてみれば、マルクスの著作には評価すべき点が多々あれど、学術論文に混入させてはならない党派的な主張が異物として混入し、その混入物の色合いが強すぎるようにみえた。しかも、ポイントは科学的な分析の部分ではなく、混入物のアクの強い主張であり、そちらが科学的な真理として幅を利かしているように映った。科学を名乗る以上、限定された領域で事実を明らかにしなければならないはずだが、マルクス主義は普遍的な歴史法則を主張し、それが世界の中心部分を貫き、同時に人類をあまねく覆いつくすと標榜していた。

ウェーバーにとっては、あってはならないことばかりが目についていた。「いくらなんでも、やりすぎだよ」という評価が、ウェーバーをやや狭苦しい学問観に向かわせたのだろう。

異物としての価値一覧　政治的な主義主張は、物理や化学を想定すれば明白だが、実験や観察にとっては邪魔な「異物」以外の何ものでもない。どれほどご立派な主張であっても、主観的な意見であるかぎり、それは事実認識を「やまる」要素でしかない。私的な主張は、研究の中身とは関係ないし、認識を曇らすかぎりにおいて異物であり、そうであるかぎりにおいて、貪欲な利害となんら変わらない。権力欲や名誉欲、同業者に対する遺恨や憎しみにしても同様に除去されなければならない「価値」である。ひしひし感じられる周囲からのプレッシャー、政治的な党派性、自惚れや虚栄心なども事実認識を「やまる」価値の一覧に含まれるだろう。巨額な研究資金は？　もちろん、それも「価値」である。認識を「やまる」ものの集合に含まれる要素は、そのすべてが「主観的価値判断」の名の下に束ねられるべき「価値」である。それらの価値のすべてに注意を払うべきなのは、事実認識の行き着くべき先にはまだ見ぬ目的地があったはずなのに、いつの間にか事実認識が外的な「価値」を実現するための手段というステイタスに堕してしまうからである。個人的な主張に奉仕する手段としての研究、上からの強烈なプレッシャーの下に作成されるデータ、自分の予想に反する結果に愕然として、なかったことにしようとする判断など、外的な価値に振り回された結果としての無惨な事例は枚挙にいとまがない。

人が学問を離れてどんな価値を持とうが、それは自由である。しかし、そのために探求の道を塞がれたり、好奇心の赴くべき方向を勝手に誘導されたりするかぎりにおいて、外的な価値の混入には慎重にならなければならない。世の中には一言多い人が多くいるし、何事にも一家言ある人がいるものだが、その手のご高説は思想とも科学とも何ら関係しない。

意図せざる結果　他方、どんな価値であれ、探究を最後まで推し進める力になれば、大いに推奨されるべきだろう。意図せざる結果や招かれざる帰結に導かれようとも、行き着く先まで研究者を届けてくれるものなら何でもかまわない。例えば、マックス・プランクは有名な黒体放射の研究に勤しんでいたとき、ルートウィヒ・ボルツマンの予想を証明することだけは避けたいと願いながら実験を重ね、結局は彼が最も望んでいなかった結論に到達した（ウィリアム・H・クロッパー『物理学天才列伝（下）』水谷淳訳、二〇〇九年。一八－二五頁）。その結果が量子力学の礎となるのだが、今はプランクの執拗な実験と観測の日々が、ウェーバーの述べる「プロテスタンティズムの倫理」による営みを思わせる点に注意を払いたい――すなわち、信仰に裏打ちされた経済行為の合理化が図らずも資本主義のエンジンを点火し、魂なき金融資本の牽引役になってしまったという皮肉な事態に――。アインシュタインの特殊相対論が原子爆弾と原子力発電所の根幹を成すことになったのも、彼の当初の動機ないし価値（電磁気学の達成に照らしてニュートン力学を補正すること）から大きく懸け離れた帰結であった。

ウェーバーの著名な作品のうち、いわゆる「客観性」論文が特殊相対論の前年に発表され、一般相対論が完成した翌年に『職業としての学問』の講演が行なわれたのは必ずしも偶然ではないだろう。「客観性」論文において、本文より長い解説を書いた折原浩は『学問』のある一節の日本語訳に苛立ちを隠さないが、その一節こそ価値判断排除の結果として「事実をして雄弁に語らしめる」という素朴客観主義的な態度だった。プランクとアインシュタインの名を出したのはほかでもない。プランクの場合は、保守主義的な姿勢に反して、執拗な実験と厳密な観測をくり返した結果、彼を図らずもラディカルな革命家へと仕立て上げる格好になったからである。他方、アインシュタインの例は、他の誰にもなしえない省察の結果であり、彼の理論はそこから事実が創り出され、世界の姿を変容させてゆくような代物だった——レヴィ＝ストロースの群論を用いた演繹的手法が婚姻体系の分類を可能にし、インセスト・タブーの真の意味を洞察させることになったように、理論の出現によって初めて「事実」が真の姿を現わすようになった恰好の例になるだろう。したがって、研究の駆動力としての価値は必ずしも研究の帰結と整合的である必要はないし、むしろ激しく不整合である方が学説史の観点からは興味深いし、文句なしに面白い。しかも「事実」や「真実」は決まって価値関係とは無関係なところから炙り出され、価値を裏切り、不実な振る舞いに及ぶのである。

4. 反 - 知性主義と専門的な仕事との乖離

知性に対する反発　一九一七年のウェーバーの立ち居振る舞いには、相応の緊張感を伺わせるものがあったらしいが、それは多くの人々が巻き込まれている諸価値の闘いに彼が苛立っていたからだろう。事実、講演の冒頭で彼は、当時のドイツにおいて、研究者や大学教員を目指す若者たちをめぐる厳しい環境について、なんら隠そうとすることなく赤裸々に語っている。自分がいかに恵まれているかを語りながら、運に恵まれない才能が多々あることにも言及していた。また、研究の道を選択した経緯や、その際の価値判断についても率直に述べていた。しかし、若者たちが聞きたかったのはそんなことではなかった。彼らが聞きたかったのは、「この世界は生きるに値するか」だとか「人生に意味はあるのか」といった青臭い問いかけに対する答えだった。あるいは学生たちはウェーバーの著作に触れ、カルヴァン派のプロテスタントが抱いた潔癖な信仰が経済行為に根付き、ピューリタン的な生き方が資本主義的な資本蓄積を可能にしたことを前提にして、二〇世紀を迎えた若者たちに今の世界を生き抜くための指針を求めていたのかもしれない。しかし、そうした意図が耳に届くことはなく、単に偉い先生を前にした若者たちに、七面倒くさいプロセスを抜きにして、漠然と生きがいのようなものの処方を求められたと感じられたなら、残念ながら彼らが欲しがるような答えは端《はな》から「与えられない」と断定しなければならない。

ろくに考えもなしに性急に答えを求める態度や、学問的な研鑽をはじめから無駄な努力と決めつける態度は、昔も今も変わらずに蔓延している。反 - 主知主義とも訳される反 - 知性主義的な態度――「かの主知主義を最悪の悪魔として嫌う立場――この立場をこんにちの若い人たちはとっており、しかも実は多くのばあいたんにとっているとみずから想像しているにすぎないのであるが、こうした立場――」に対して、彼の投げかけた言葉は次のようなものだった。「もし悪魔を片づけてやろうと思うならば、こんにち好んでなされるようにこれを避けてばかりいてはならない、むしろ悪魔の能力と限界を知るために前もってまず悪魔のやり方を底まで見抜いておかなくてはならない」(同、六五頁)。

ブリンカー問題　悪魔のやり口が実際にどのようなものかというと、ウェーバーは「専門家的な仕事」と言うばかりで、ポジティヴに語られている場面はほとんどない。以下はポジティヴな語りを聞くことができる数少ないところだが、たとえそうでないとしても注意に値する。

「実際に価値ありかつ完璧の域に達しているような業績は、こんにちではみな専門家的になしとげられたものばかりである。それゆえ、いわばみずから遮眼革《めかくし》を着けることのできない人や、また自己の全心を打ち込んで、たとえば写本のある箇所の正しい解釈を得ることに夢中になるといったようなことのできない人は、まず学問には縁遠い人々である」(同、二二頁)。

文中にある「遮眼革」はブリンカーとも呼ばれ、競走馬が周囲の雑音に集中力を削がれないよう装着する馬具である。これを着けた馬の視野からは側面の情報がカットされ、余計なものが視野に入らないようになっている。

一九世紀のどこかしらの時点で、諸科学は一変した。最初に大きな地殻変動を経験したのは、たぶん数学だったろう。ユークリッド幾何学が数学を統べる原理の地位から滑り落ち、単なる公理系(数学の一部門)になったとき、数学は手綱を解かれた暴れ馬のように怪物じみた跳躍力を発揮するようになった。生物学はダーウィンの進化論によって静的な分類学から訣別し、いきなりダイナミックな学問になった。心理学という珍奇な学問が出現し、社会学と人類学もそのかたわらに誕生した。美術家の後ろ楯がパトロンから画商に移ると、彼らの表現が一挙に多様化した。音楽家も宮廷から解放されるのとほぼ時を同じくして調性の呪縛から解き放たれ、いわゆる現代音楽が誕生する。様々な分野で蝶番が外れたように、探究のベクトルが外を向き、限りなく外へ、また前方へと発散するように分岐し多様化していった。

なるほど近代初期の揺籃期にあった諸科学の状況と、それから一〇〇年を経た現在の状況とでは、ずいぶんと異なる点もあるだろう。高度化の渦中にあった二〇世紀初頭と、現在のいわば専門分化が行き過ぎ、ある意味、集合的なタコツボ化とでも言うべき自閉化を遂げた時代とでは、状況が異なるだけでなく、日々の仕事に専心する者たちの心構えも大きく異なると言うべきだろう。しかし、そのちがいを考慮しても、学問にかかわる者にとって右の文章は二つの意味で示唆的である。

成果主義の猛威

先ず一つ目である。多くの研究者たちは今も昔も変わらない。すなわち、専門的な研究者たらんとすれば、競馬馬よろしくブリンカーを着けられ、脇目も振らずに狭い領域の研究にひた走るのが当然なのだ。彼らはみな、隣接領域に気を取られず、ひたすら真っ直ぐ走ることを余儀なくされている。競争社会を標榜し、成果主義が大手を振るう現代にあって、ウェーバーの言う競走馬まがいの専門家たちは、ますます寸暇を惜しんで仕事に励んでいることだろう。今日とて彼らは眼前にぶらさがるニンジンを必死に追いかけているはずだ。彼らの大半は研究の手続きに忠実であり、研究を動機づける価値についても十分に自覚的だろう。昨今の研究環境を覆う成果主義の圧力はますます強まるばかりだ。重点的に配分される研究資金を得るための書類仕事もこなさなければならないし、購入した備品リストには消しゴム一つも書きもらしてはいけない。そして、組織化された研究チームの命運をも含め、それら諸価値の織りなす強大なプレッシャーは、グループのメンバーをいかなる窮地に追い込んでいるだろうか。

成果主義は言うまでもなく価値であり、昨今の大学や研究機関をまるごと包み込んでいる支配的な価値である。その価値が蔓延した結果として、あらゆる研究が経済化され、経営主義的な管理の対象になってしまった。

大学には生来の怠け者もいないではないから、成果主義というドライな思想があってもかまわない。しかし、あってもかまわないといった程度の思想が支配的な価値になるのは非常にまずい。なにしろ、そのドライな思想には致命的な欠陥がひそんでいるからだ。たとえば、一定額の予算を投入すれば、結果は出てきて当然であり、出てこなければならない、と考える誤った態度である。このような態度ないし前提がデータの捏造や論文の剽窃の温床になっていることを理解しておかなければならない。

それゆえ、こう問うてみよう。用意する材料は、大企業の優秀な経理課員を十数名、数字を尊い象徴のように信仰する官僚たちを十数名、これらの材料が用意できたら広いスペースに解き放ち、必要な設備をあてがい、相応の予算を投入する。このレシピを実践すれば、年に一問ずつ数学のプレミアム問題が解けてゆくだろうか。

答えにくいなら、こう問うてみよう。優秀な物理学者たちが「力の統一」に到達できないのは、成果主義のプレッシャーが不足しているからなのだろうか。スターリン支配下のソ連に生きた科学者たちのように、銃殺におびえながら観測すれば新たな成果がもっと生まれたとでもいうのだろうか。

ほかにいくらでも問いかけは可能だが、どう問うても炙り出されるのは、成果主義にひそむ軽率かつ残虐な浅知恵である。巨額の研究費と組織の存続という二重の圧力がどれほど邪悪なプレッシャーとなり、「倫理」なる空言を吹っ飛ばすだけの力になってしまうかは、もはやいちいち事例を挙げつらうまでもあるまい。

当事者たちは無自覚なのではない。自覚の有無を問わず、もはや諸価値からの自由など望みえないところに追い立てられてしまったのだ。今や個人がその気になり、ちょっと考えさえすれば自由を獲得できた時代はすでに遠い過去の逸話になりつつある。

このような状況に置かれた研究者にとって、反-知性主義との対決などもはや望み得ない。今も彼らを追い立ててやまない諸価値の波は、彼らに道を踏み誤らせ、かえって反-知性主義の波を勢いづかせているのが現状である。その意味では彼ら自身もまた反-知性主義の囚われ人なのだ。今や、ウェーバーの言う悪魔は、諸科学の内部にあって、しかも中心に鎮座している。

事実、瞼をこすりながら目の前の課題に取り組む研究者たちが、わざわざその手を休めて、諸科学の現状を俯瞰し、問題点を挙げて、逐一点検してみる、といったことに手を染めるわけがない。彼らは御者であるよりは馬車馬なのだ。ブリンカーを付けられた馬車馬に対して、研究倫理を説くことがいかに不毛であるかは、あらためて考えてみるまでもない。今や、立ち止まって考えなおす、俯瞰してその哲学的な意味を再考してみる、といった態度は、ブリンカーを外して、研究の継続を断念することを意味しかねない。悪魔はささやく、「考えずに走れ、さもなくば死ね」と。このような反-知性主義の趨勢は、したがって個人の気概や倫理観の問題ではなく、現代の諸科学を覆っている構造的な問題なのである。構造的と呼んだのは個人で負うには重きに過ぎ、独りで解決するにはあまりにも解きほぐし難く絡み合っているからである。

以上が価値自由の現在をめぐる第一の問題である。

第二の問題は、次章の最終節で扱うことにする。その前にカントの問題提起がまだ死んでいないし、機能停止に陥ってもいないことを確認しなおしておかなければならない。

第五章　知識人と啓蒙の規準

1. エスティック（自己の美学化）

カントの小論、「啓蒙とは何か」は、ことあるごとに読みかえされてきたテキストだ。しかも、読みかえされるたびに重要さを思い知らされ、私たちに再度の再読を促す始末である。「永遠平和のために」も含めての話になるかもしれないが、カントが残した短文二つは、おそらく「古典」にすらなってくれない新しさを秘めている。どうしてそれらが新しいのかと言えば、よく芸能人に言われるような「新鮮さを失わない」とかいうことではなく、今もって過激であり、つまりは現役の文章であるということだ。言い換えるなら、現代人の心性と現代社会のシステムがまだカントの指摘に到達しえていないということでもある。

ミシェル・フーコーは晩年に文字通り「啓蒙とは何か」という、とても美しい論文を書いている。彼の最後の主著二冊を読んで、「なんか肩すかしを喰らった」と感じた人たちも、「啓蒙とは何か」を読めば、フーコーの力が往年に比して些かも衰えていなかったことを知らしめられるはずだ。ひるがえせば、最後の二冊である『快楽の活用』および『自己への配慮』にしても、力が衰えたのではなく、力の使い方が以前の著作とは大きく異なっていたと捉えるべきだろう。彼の伝記を書いたディディエ・エリボンによれば、フーコーの晩年は最後の二冊の「出版のために夢中であり、頻繁に襲うめまいや絶えずつきまとう疲労にもめげず図書館に出かけてメモを確認する。彼は休息したり、少しは休暇をとったり、よしんば短時間であっても休憩したりすることを絶対に拒むのであって、こうしたすべての点から推測が許されるのは、彼は次の事柄を承知していたという点である。これは自分の最後の本になるかもしれない、だから、それらを完全な形でおおやけにするために、一切を成しとげたい」（D・エリボン『ミシェル・フーコー伝』田村俶訳、新潮社、一九九一年。四五〇頁）。実際に計画が完遂したのか否かは当人にしかわからない。少なくとも第二巻と第三巻は生前に発表された——たぶん完全なかたちで。ただし、完成間近だったと囁かれている第四巻『肉の告白』が未刊のまま残され、遺言によって発表されずじまいになってしまった。エリボンの記述を読んでいると、フーコーは最後の二冊に専心し、何度も手を入れては読み直し、資料と格闘し、病身にもかかわらず完成に向けてまっしぐらだったように読める。しかし死後に刊行された『思考集成』の最終巻（仏語版では第四巻、邦訳では第一〇巻）を見ると、亡くなった一九八四年は著作だけでなく、論文も色々と書いていて、インタビューにも積極的に応じていたようだ。それらを通読すると、やはり『性の歴史』の最終巻の完成を諦めていなかったように感じられる。あるいは完成できず終いになるかもしれないが、燃え尽きる前に自分にできることはすべてやり遂げよう、と。それゆえ、最晩年の言葉たちからは、フーコーの、遺言が言いすぎなら、走り書きのメモにたまたま宿った奇跡のような力を言葉の端々から感じることができる。

第三章で古代の賢者を想起しながらも、記述が中途半端に終わったのは、晩年のフーコーのことが頭の片隅にあったからである。カントは彼の時代の言論を想定しながら啓蒙について問題を提起し、古代の賢者のような誇らしい佇まいを思い起こさせた。フーコーは古代の賢者の態度を見つめ、分析し、省察しながら、そこから今度はカントの「啓蒙とは何か」に関心の目を向けていったように思われる。

賢者の心　先ずは『自己への配慮』における古代の賢者の佇まいの極北とでもいうべき、セネカの考えを読んでみよう。フーコーは賢者のありうべき態度を讃えるようにして、こんな風に語っている。

「ある期間、我が身を不自由の状態に置くのは、将来、手の込んだ上等のものをいっそうよく楽しもうとするためではなくて、最悪の不幸に直面しても必要不可欠なものに事欠くことがなく、時たま耐え忍ぶ力を発揮できた事柄を今度はつねに我慢できる点を確信するためである。最小限のものに慣れるのだ。これは、六二年のサトゥルヌ農耕祭のすこし前にしたためた書簡によると、セネカが行ないたいと思ったことである。おりしもローマは「汗びっしょり」であり、どんちゃん騒ぎが「公認されている」。セネカはお祭り騒ぎに加わるべきか否かを考える。参加を我慢して一般の人々と縁を切ることが、慎みを証することなのだ。とはいっても、一般人から孤立しないことこそが、より大きな精神力をもって行動することであり、最良の道は「群衆にまぎれこまずに、同じ行ないをする、ただし別の流儀でする」ことである。しかも、この「別の流儀」とは、あらかじめ、自発的な鍛練と禁欲の実習と貧困への心配りによって、こちらが身につけておく流儀なのである。この鍛練と実習と心配りによって、みんなと同時に祭りを祝いながらも、決してluxuria〔放埒〕に陥ることはないのであり、それらのおかげで、贅沢にかこまれつつも超然たる心を保持することができる」（ミシェル・フーコー『性の歴史Ⅲ　自己への配慮』田村俶訳、新潮社、一九八七年。八〇―八一頁）。

どうしてセネカは「最小限のものに慣れること」が必要だと考えたのだろう。つまらぬことに煩わされたくないからだろうか。たとえば、ある知人がカバンから札束を取り出し、金で彼を釣ろうとしたとしよう。一攫千金を夢見ていたり、貧乏暮らしを恨んでいる人なら、すぐに飛びつくだろう。隣人の暮らしを羨み、友人の幸福を妬ましく思っている人もイチコロだ。しかし、普段から慎ましい生活を旨とし、自分の生活パターンを頑として崩さない人なら、少しも心を動かされず、金で釣ろうとする魂胆に失望し、「帰れ、ブタども！」と怒鳴り飛ばしたかもしれない。

そんな人物であれば、いわゆるハニートラップにも引っ掛からないだろう。なるほど、モテたいという願望は、下心があり、つまりは下方からより以上を望むことだから、「最小限のものに慣れること」とは逆のベクトルをもっているようだ。自己に専心する賢者は、お祭り騒ぎのさなかでも「別の流儀」を通していたように、色仕掛けもさらっと受け流してしまうだろう。

別の流儀とは、他の誰もがつられる環境に身をおいて、自分だけつられず、ありのままの自分でいられることだ。どんな贅沢〔放埒〕にも煩わされることがなく、また人々のどんちゃん騒ぎにも左右されない「流儀」を手に入れ、自然体でいられるようにすること——周りの怒号や悲鳴に流されず、かと言って人の流れに無理に逆らおうともせず、流れの中でも揺るぎない個体であることができれば、そのとき、人は何ものにも動かされないでいられるだろう。

フーコーがセネカについて述べた「超然たる心」は、それゆえ仙人や修行僧のように、世俗の悪習に塗れることをよしとしない態度とは異なる。世俗を俗悪と軽蔑する魂は、卑近な欲望を克服すべく険しい山にこもり、汚れた生活態度を戒め、自身に苦行を課し、世俗の垢をすべて洗い落とそうと躍起になる。その挙げ句に彼らは山の頂きに立ち、高みから人の世を見下ろすのだ。何もかも超越した視点から「くだらん」と人の世とかつての自身を嘲笑するのだろう。ところがセネカの「超然たる心」は無人の山頂など目指しはしない。彼の心は超然としていながらも、社会に背を向けず、人の中にいる。セネカが重視するのは、市井にあって、さまざまな圧力をその身に受けることだった。いつ、いかなる方向から力を加えられるかもしれない空間にあえて身を投じ、実際に諸力に翻弄されながらも自分の足で立っていられること、そこに「超然たる心」のありかを見定めたのである。

したがって、その口から発せられる言葉もまた、虚空に聳える永遠の真理ではないはずだ。かといって他の何者かの言葉に反応したものでもありえない。だとすれば、ただ一つ、自分の心の震えのみを外に発信したものとなるだろう。そして、その震えは、「超然たる心」が世界の震えに対する反響として自己の「真理」を明かすのである。

この場合の「真理」を計る規準は、命題の真偽ではない。いつでもどこでも「真」が成り立つ命題は普遍的な真理であって、必ずしも私たちの生存と関わりがない。さらに言えば、認識の真理については『狂気の歴史』から『言葉と物』で語り尽くされている。権力関係から分泌される真理は、『監獄の誕生』と『性の歴史』の第一巻『知への意志』で語り尽くされた。欲望の真実は、矯正と告白の対象だった。今や、第三の真理が控えていて、それは隠されもしなければ見出されもせず、また心の奥底に隠れ、専門家の力を借りなければサルベージできないものでもない。

それはむしろ、ごくふつうの真理だ。「超然たる心」が発した言葉は、古代の賢者のたたずまいと同様、社会の中にありながらも、なんらかの仕方で人々の思いから距離を置いたものになる。距離が一つの真理を構成すると言ってもよい。たとえば、ストア派の賢者の一人は、奴隷に贅沢な料理を好きなだけ食べさせておいて、自分の皿は最小限の質素な食事があれば十分だったという。通常は主人が贅沢をして、奴隷には質素な食事で我慢させるのが筋だから、その家では主従でベクトルが反転しているようにみえる。しかし、その反転こそが教訓なのだ。賢者が慣れるべき「最小限」は、それゆえ欲望の行き先を目指さず、反対極を向いているようにみえる。しかしそれも見かけでしかない。

逆向きに見えるが、それは反対のことをしていたからではない。キュニコス派のディオゲネスなどは、あえてひねくれた行動をとり、あまのじゃくに徹して共同体の約束事を挑発し、豪快に笑い飛ばしたものだが、ストア派やエピキュロス派は、むしろ心おだやかでいることを目指していた。だから、いたずらに攻撃的になるのではなく、欲望の波風が静まり、凪のような状態を維持し、情動の波長が限りなく長く、振幅が限りなく小さくなるように過ごしていた。人が動かされるときにこそ、何ものに動かされない、その不動性は相対的に反対極に向かっているようにみえるが、その実、魂の海原が静穏なだけだったのである。

唯一の規準は適正な距離をおくことだった。放埒（卑近な欲望）を遠ざけ、権力を遠ざけ、集団心理につられない心、いわば人の輪の中にいながらにして潜在的に回路を切断しているような生き方である。はたして、そんな芸当が可能だろうか。

ボードレール　どことなく不可能に思えるのは、モデルが古代の賢者だったからかもしれない。

賢者などというと、我々の日常の手本にブッダやイエスなどの聖者をもち出すのと同じく、ひどく縁遠い印象がただよってしまう。

そのためか、フーコーはカントを再読しながら、彼自身の「啓蒙とは何か」において、もう少し卑近な例を出そうとしていた。ダンディズムの実践者としてのボードレールである。シャルル・ボードレールといえば『巴里の憂鬱』や『悪の華』で有名な一九世紀の偉大な詩人である。とはいえ、ボードレールその人はとても立派な人物とは言えそうにない。彼の生きざまをダンディと呼ぶことがあるが、私はあらためて「ダンディとは何か?」という問いを提起するつもりはないし、たとえボードレールに「超然とした心」らしきものがあったとしても、それが救いがたい生活破綻者のものであったことを忘れるつもりもない。そう、彼を誉めるつもりもなければ糾弾するつもりもない。しかし、彼が一人のダンディとして、時代から独特の距離の置き方をしていたことについては、やはり無視しがたい魅力を感じるのだ。フーコーが禁治産者のダンディズムを念頭に「近代」を定義しようとした次の魅惑的な文章を読んでみよう。

「しばしば、ひとは、現代性を、伝統の断絶、新しさの感情、過ぎ去るものの眩暈など、時間の非連続性の意識によって位置づけようとする。ボードレールが、現代性を、『一時的なもの、うつろい易いもの、偶発的なもの』によって定義するとき言わんとしているのは、そのことであるかに思える。しかし、彼にとって、現代的であるということは、この絶えざる運動を認め受け入れることではないのだ。反対に、それは、この運動に対して、一定の距離を取るということなのだ。そして、この意志的で困難な態度は、永遠的な何かを、〈現在〉の瞬間の彼方ではなく、またその背後にでもなく、その瞬間自身の裡に、捕まえることに存するのだ。現代性《モデルニテ》は、時間の流れを追うだけの流行《モード》とは区別される。それは、現在の瞬間の裡に「英雄的な」ものを摑むことをゆるす態度のことなのだ。現代性とは、逃げ去る現在についての感受性の事象ではなく、現在を『英雄化する』一つの意志なのだ」（ミシェル・フーコー「啓蒙とは何か」石田英敬訳、『ミシェル・フーコー思考集成X』筑摩書房、二〇〇二年。一二頁）。

そもそも近代とは、前近代的な伝統からの断絶によって生まれたものだ。めまぐるしく変化する現代は、古びたものを次々に過去のくずかごに投げ捨て、絶えず自身を刷新しようとする。そんな近代の慌ただしさに疲れた人はこうつぶやく、「なにもかもが移ろいゆくばかりで、たしかなものなどなにもない」。

その通り。もはや永遠の真理など存在しない。束の間の流行だけが次々に現われては走りすぎてゆく。引き出しの中の去年の服を見て、もう流行遅れなんじゃないかと不安になり、着てみたものの周囲の目が気になってしかたがない。はかなく、移ろいやすい時代に自分はついていけているのだろうか……。

こんな不安を覚えがちな時代を生きながら、しかしボードレールは時代にすり寄るわけではないし、最先端に立とうとするわけでもなく、独特の仕方で距離を置こうと考えていた。彼はどのように距離を置いたのだろうか。たとえば、よくあるように過去のよき時代を懐かしみ、そこを不動の定点として、時代の主役が次々と入れ代わる「昨今」の浅薄さを呪詛していたのだろうか。国家というノスタルジックな幻想に寄り掛かり、実体らしきものをかき抱こうとしていたのだろうか。いや、どちらでもない。彼はただ、移ろいゆく「現在」には善も悪もなく、真も偽もないが、固有の輝きをもつなにかがあることを認め、それを「英雄化」しようとしていた。

英雄化の秘訣　「英雄化」とはなにか。移ろいゆく束の間の現在を偶像化し、崇拝するということだろうか。それでは時代にすり寄り、流行に乗り遅れまいと最先端を崇め、屈伏する態度となんら変わらない。参考になるのは、むしろボードレールの姿勢とは無縁にみえる回顧主義的な態度の方だろう。なぜなら、「昔はよかった」と懐かしむ人々は、必ず過去を英雄化するからである。彼らは過去を英雄化し、返す刀で「今」を非難する。つまり、ノスタルジックな態度は、昔日の日々を礼讃し肯定する力の勢いで現在を拒むのである。

現在の英雄化はその構図を逆転し、ノスタルジーにおける肯定の力を過去から引き剝がして、現在（今）に向けることから得られる。

近代人は、伝統（過去）から断絶することにより、成熟の機会を奪われてしまった。人だけではない。物（商品）からも熟成の契機が奪われつつある。新しいものはすぐに古びてゆくが、熟した末に古びるのではなく、多くの物が熟す前に古びてしまう。古びる速度が加速し、なにもかも未熟なまま古びてゆく。画期的な機能がすぐに陳腐化し、新鮮なものがまたたく間に色あせる。新製品の耐用年限は過ぎ、人の成熟もまた永遠に先送りされる。成熟の機会はもはや永遠に訪れない春のようだ。今や私たちは成熟するのではなく、ただ古びて、陳腐化していくだけのようだ……。

いや、そうではなく、英雄化が今に焦点化されるとき、私たちの力が向かってゆくのは、時代の波ではなく、私たち自身なのである。ダンディは時代にすり寄らず、自己に酔うのでもなく、ある距離を介して時代の縁に立ち、時代の限界、世界の臨界を見定めながら自己の立ち姿を美学化してゆく。つまり、ダンディは時代との距離を限界まで押し広げ、世界の突端に身を置いて、不断に自己を完成させてゆく態度のことなのである。私たちが我に返り、ありうべき態度の形成に向かうとき、その立ち位置は、古代の賢者であれ、カントの学者であり、はたまたボードレールのダンディであれ、なんら変わらない。

「英雄化」されるべきは、セネカの「超然たる心」であり、カントの言う「理性の公的な使用」である。それらは時代のさなかにあって、人が自分自身に向かい、世界の針路に火を灯しながら自己を触発し、自身を磨き上げることである。「ボードレールにとって、現代的な人間とは、自己自身の発見、自らの秘密および自らの隠された真理の発見へと向かう人間ではない。現代的な人間とは、自分自身を自ら創出する人間のことなのだ。現代性は、『人間をその固有の存在へと解き放つことではない』。現代性は、人間を、自分自身を作り上げるという使命に縛り付けるのである」（同、一五頁)。わかりやすく言えば、時代の中にあって、なお自分であることだが、しかしそれは一つの解であるよりも、不断の問いかけであるように思われる。

自己の発見　ボードレールは「散策者」を重視し、街を歩きながら人と時代を見て切り取る者として、画家コンスタンタン・ギーを例に出した。私たちは名うての散策者を例示するとしたら、真っ先に『パサージュ論』のヴァルター・ベンヤミンの名を挙げたくなる。目の前を通過してゆくものたちの先端を捉え、それを書き留め、固定し、折りたたんで未来に送り届ける。古地図をカバンに入れて、東京のあちこちを散策する者たちは、一つの地図をきっかけにして二つの時代に跨がる一都市を同時に見ようとしているのかもしれない。自己は時代に埋めこまれながらも、その限界まで半身を押し出す。当然ながら、彼は自身が埋めこまれた時代とその意味を問うだろう。時代を問えば今度は時間とその意味を問うことになるだろう。私たちは自己と生と時間が一つの台の上で遭遇し、絡まりあい、一つになる瞬間を、まさに近代の肖像としてたくさん見てきたはずだ。

再び一九世紀人を例にとれば、セザンヌの朽ちてゆく果実の描写などはどうだろう。時とともに腐敗が進んでゆく林檎の静物画は、過ぎゆく時間とその残酷な試練にさらされた物体と、そこに注がれた画家の視線を一つの額縁の中に集約し封じこめていた。ときの試練に身を委ねた静物の様態を世界から切り取り、時代の先端部に捧げるとき、崩れゆく果実が英雄化される。光の先端と時間の先端がともに触れるもの(朽ちゆく物体)が崩壊の間際で画布に固定され、永遠の輝きを帯びるのだ。

同様にして、サントヴィトワール山は、おそらく何万年も不動のままそこに聳えていたのだろうが、その山々の景色も、その山肌に注ぐ光の模様とその色合いを見据える画家の視線とが交錯するとき、現在を英雄化する「もの」となる。

その「もの」は、束の間の輝きを捉えられることにより、半‐永続的な「真理」の輝きを帯びはじめる。しかし、その真理は永遠不変の真理ではなく、煙の輪のように風の一吹きでかき消されてしまう現実の影であり、瞬時のきらめきの永続化なのである。セザンヌの色と筆致は、視線の先端と光の先端が出会う一瞬を捉えるが、その一瞬の本体は時間によってたちまちかき消されてしまうのだ。しかし、彼の筆の動きは彼の目が捉えたものを時間の拷問からかすめ取り、永遠に逃さないのである。

おそらく病魔に冒された最晩年のフーコーがめまいと疲労にあらがって作品の完成に精根を傾けたのも、作品の完成が同時に彼自身の魂を磨きあげる最後の作業となっていたからだろう。彼が描いた古代の哲人たちの振る舞いと、それを描写する彼の最後の苦闘とが乱反射し、「自己」の美学を形成していた。その試みをフーコーは自己の批判的存在論と呼んだが、それはまた、「我々の限界に関する歴史分析であり、それと同時にありうべき限界突破のための試練となる」とも述べていた（二六頁。ただし文脈を考慮して訳文を変更した）。ともあれ自己への専心が未来の作品に結実し、その作業を通じて（蓄積する疲労と深刻化する病状にもかかわらず）作品がひるがえって自己を成熟させるのだ。
そのたたずまい（存在）がいかに反時代的な試みであったかは、つづく二つの節を通じて明らかにされなければならない。

2. 知識人と時代の要請

知識人　知識人は時代を生き、時代の中で発言する。誰に対し、どんな角度から？　そして、彼は発言することにより、なにを引き起こし、時代にどんな波風を立てようというのか？「知識人とは何か」という問いに対して、エドワード・サイードは「知識人が、たんなる専門家とみられたり、時流におもねるだけの人物とみられてしまう危険性はある」と断った上で、次のように述べる。

「わたしが主張したいのは、知識人とは、あくまでも社会のなかで特殊な公的役割を担う個人であって、知識人は顔のない専門家に還元できない。つまり特定の職務をこなす有資格者階層に還元することはできない。わたしにとってなにより重要な事実は、知識人が、公衆に向けて、あるいは公衆になりかわって、メッセージなり、思想なり、姿勢なり、哲学なり、意見なりを、表象＝代弁《リプレゼント》し肉付けし明晰に言語化できる能力にめぐまれた個人であることということだ。このような個人になるにはそれなりの覚悟がいる」（エドワード・W・サイード『知識人とは何か』大橋洋一訳、平凡社ライブラリー、一九九八年。三七頁）。

この文章を読んで、まず驚かされるのは、さして意識しているとは思えないにもかかわらず、カントの「理性の公的使用」のくだりを見事に変奏している点である。サイードは「公的役割」という語彙の含意が誤解されるのを防ぐため、すぐさま対比的に「専門家」や「有資格者」といった言葉を用いていた。つまり、特定の専門家としてテレビや新聞にコメントを出す人たちは、彼の考える知識人ではない。並みいるコメンテーターたちは、知識人のつもりかもしれないが、その公的な役割を果たしているわけではなかったのだ。なぜかといえば、専門家は、その専門分野を代表して発言したり、テレビ局や新聞社の意向を反映する限りにおいて、専門家集団を後ろ楯にし、メディアに代わって語るからである。また、○○大学教授という肩書にしても、所属する組織の権威を彼の発言に付与するからくりでしかない。だから、サイードは引用の最後で、わざわざ「個人」という語をくり返していたのだ。どこの誰であれ、知識人として発言する以上、そこにいるのは後ろ楯もなければ権威もなく、専門家集団はもちろん、所属する組織からも離れて、ただ一人の個人として発言する者でなくてはならない。

しかも、その個人は、専門家集団や研究機関を気づかいながら発言するのではなく、公衆のために、公衆になり代わって発言しなければならない。公衆とは何か？　それは公にしたいことがありながら、それをまだ明確な言葉にできない者たちのことである。公衆の沈黙は「発言する」という公的な役割を担った知識人の技量によって肉付けされなければ、虚空に蒸発し、消えてしまいかねない。だから、知識人は公衆のために彼らの言葉にならぬ声を言葉にして発言するのである。

サイードがカントを意識し、「啓蒙とは何か」を敷衍したとは思えない。むしろ彼は自然体で「知識人」の「公的役割」を負えるのは「個人」のみであり、寄る辺ない者でしかありえないと、それまでの経験から悟っていたのだろう。

サイードの人となり　エドワード・W・サイードは、専門家としての研究分野からいえば、文学研究者となるだろう。日本でいえば英文学だが、英語圏での文学研究だから、いわば英米圏の国文学者である。ただし、サイードは生粋のアメリカ人ではなく、中東のパレスチナで生まれた。ちなみに、彼の両親はパレスチナ人のキリスト教徒だったらしい。

『知識人とは何か』はBBCラジオに呼ばれ、連続講演として語られた内容を書籍化したものであり、それゆえサイードの主著ではない。著作は多く、列挙してもいいが、むしろここでは彼が事あるごとに雑誌に投稿し、積極的に発言した点を重視しておこう。一九九一年に勃発した湾岸戦争の際には、世論が一方向に流れるのに抵抗して孤軍奮闘し、メジャーなメディアが彼の言葉を掲載してくれそうにないと見るや、メディアの種類を選ばず、掲載してくれそうなところならどこにでも書いた。それゆえ当時はサイードがなにを書いたかに世界中の関心が集まり、サブカル系の雑誌のコピーが色々と出回っていた。また、日本でも湾岸戦争の勃発時には新聞や一般誌よりも、あるメタル系の音楽誌の方が信頼性が高く、速報性にもすぐれていたことは、今や伝説化した事実である。サイードがパレスチナを常に必ず擁護し、いつもイスラエルとアメリカの悪口を言っていれば構図はわかりやすいのだが、必ずしもそうとは言えず、時にはＰＬＯの方針やアラファト議長の行動を手厳しく批判したから余計に始末が悪かった。その辺りは、イスラエル絶対擁護の姿勢を崩さないユダヤ系知識人とは対照的であり、むしろハンナ・アレントのように親イスラエルでありながらも、ユダヤ社会を震撼させるような容赦のない言葉を浴びせる知識人に近かったといえるだろう。だから、その分、彼の身は絶えず危険にさらされていた――言葉の面でも、暴力の面でも。

以前に知人から聞いた話なので本当かどうか怪しいところもあるのだが、研究休暇を使ってサイードが在籍する大学に滞在したとき、そこに一つだけマシンガンでも破れそうにない鋼鉄の分厚い扉のついた研究室があったそうだ。知人の言うには、確認したわけではないし、名前が書かれていたわけでもないけど、どうやら周りの声を総合するとそこがサイードの研究室らしいとのことだった。真実か否かはわからないし、確かめようもないが、さもありなんという土産話だった。

そもそも文学研究でキャリアを開始し、熱烈なグレン・グールド信奉者であったから、元来は政治性が濃厚な人ではなかったのかもしれない。とはいえ、専門として最も肩入れした文学者がジョセフ・コンラッドというから、そうでもなさそうだ。主著である『オリエンタリズム』や『イスラム報道』のイメージからすると、西欧社会の一面的なイスラムのイメージにアンチを突き付けるだけかと思いきや、彼自身がパレスチナ人でありながら、キリスト教徒の家庭に育っているわけだから、ひとひねりもふたひねりも効いている。だから、平然とこんなことを言ってのける、「イスラムといえども、つまるところ多数派の宗教にすぎない。そのため『イスラムこそ本道』と語り、イスラムについての多岐にわたる解釈はいうにおよばず、反対意見や異なる見解までも均質化してしめすことは、わたしのみるところ、とうてい知識人の役割とはなりえないのだ」(七七頁)。当たり前のことを言っているだけのような文章だが、当たり前のことを言うのがどれほど大変かを考えれば、この率直さは評価されてよい。ともあれ、サイードはどんな人物だったか――親イスラエルのアメリカ合衆国に暮らすパレスチナ人、中東に生まれたキリスト教徒、故郷喪失者、ジョセフ・コンラッドとグレン・グールドを愛する男、こうしたすべてが彼を他の誰にも似ていない一人の個人にしたのかもしれない。

つまり、根っからの「知識人」であり、カントの言う「学者」である。だから、「公的」という言葉の使い方にもブレがなく、自然体でカントの定義をフォローすることができたのだ。その証拠というわけではないが、彼は「私的」という語彙もまことに適切に用いて、「私的な知識人というものが存在しないのは、あなたが言葉を書きつけ、それを公表するまさにその瞬間、あなたは公的な世界にはいりこんだことになるからだ」(三九頁)と述べていた。

公的な世界で言葉を使う個人が「知識人」であり、私的な知識人は原理的に存在しない。つまり理性の私的利用は、公的な世界には存在しないし、存在してはならない。理性を私的にしか利用できない者は、彼の職務に必要な理性の使い方ができるだけであって、そのような人物は公的世界に出番はない。

少数者の声　サイードの知識人にカントと異なる点があるとすれば、個人としての意見を表明することにとどまらず、むしろ自分の意見にもまして知識人に託された役割があり、それを果たすことが求められている点であろう。先の引用では、公衆の代わりに発言することがそれだった。公衆の内実をもう少し赤裸々に語った文章を読んでみよう。以下の発言を読むことにより、知識人の役割が大きく二つの方向に分かれていくようにみえるはずだ。

「知識人にはどんな場合にも、ふたつの選択しかない。すなわち、弱者の側、満足に代弁＝表象《レプリゼント》されていない側、忘れ去られたり黙殺された側につくか、あるいは、大きな権力をもつ側につくか」（六八頁）。

知識人には二つのタイプがある。一方には弱者の側につく知識人がいて、反対側に権力者の広告塔みたいな知識人がいる、という具合に。しばしば後者のようなタイプの知識人を指して「御用知識人」とか「御用学者」といった侮蔑的な名前で呼ぶことが多い。権力が民衆を都合よく操るための道案内のようなものかもしれないし、潜在的な反対者を封じるために召喚された口八丁手八丁の広告塔みたいな連中を指すのかもしれない。この種の人たちが誰の代わりに言葉を使い、また誰のために代弁するかといえば、「大きな権力をもつ側」になるから、少なくとも先ほどまでサイードが言っていた公衆ではない。むしろ公衆の言葉にならない声を封じ、その声に応じたふりをしながら逆のことを実践するために呼ばれたのが彼ら御用学者であるはずだ。

だから、権力の広告屋に成り下がった知識人は、実のところその名に値しない。サイードもまた彼らを知識人とは認めない。しかし彼らの存在を頭ごなしに否定するのではなく、真の知識人に求められた役割を言葉なき者たちを代弁する役割に求めることで、彼らをやんわりと蚊帳の外に追い出すだけである。心情的には明白に区別しているのだろうが、少なくとも論理的にはそうするにとどまった。

カントの議論を援用すれば、さらに明白になったろう。すなわち、権力のお先棒を担ぐ知識人がカントの「学者」に値しないのは、彼らがすでに個人ではなく、ある組織の利益を代表し、その組織の目標を達成すべく発言するからである。彼らは個人の見解を表明したふりをしながら、公務員が職務を遂行し、私企業の営業マンがセールストークを披露するのと同じく理性を私的に利用したにすぎない。だから、もしもサイードの知識人とカントの学者が外延を同じくするなら、御用知識人は知識人ではないし、御用学者もまた学者ではないということになる。

たぶん、御用知識人や御用学者を知識人や学者のポジションから追い出すとき、私たちはまたぞろ権力対反権力というわかりやすい構図で話をしていないだろうか。闇雲に権力に反対し、抵抗の素振りを見せれば、それが弱者を代弁しているかのような構図に収まらないだろうか。いや、心配ない。もはやそうしてはならないし、そうなる時代でもない。

なぜなら、サイードのいう公衆は、一般的な弱者ではなく、それゆえ一様な不満や不安を抱えているわけではないからだ。言葉をもたない者たちも今や、はじめから多様であり、その主張や要求もさまざまであって、それらを一つに束ねることなどできない相談だ。だとすれば、知識人たちが代わる代わる代弁する言葉それ自体がさまざまな方向から発せられ、交錯し、ときに絡み合い、ときに反発し合うだろう。つまり、知識人が何者かの代わりに発言するとき、それは権力対反権力の構図を描くよりも、無数の力が飛び交い、衝突し、ばらばらになったり、ある種の大きなうねりを作ったりする場で、言葉を力として用いるのだ。

知識人の役割は、それゆえ終わることがなく、少数者がいるかぎりつづくだろう。なぜなら知識人は多数いても独りであり、もっとも少数であることに耐えることができる者にしか公的な時空で（他者ないし少数者たちと）群れることが許されていないからである。サイードの知識人が独特なのは、個人であること、独りであること、それを故郷のない者、帰る国のない者、すなわち祖国というものをもたない者に結びつけた点にある。

絶対の個人　祖国がなく、新たに獲得した国籍を有する国においても余所者であらざるをえない者。みなし子の泥棒作家、ジャン・ジュネは自身を「公然たる敵」と呼んだが、似たようなものだ

——深入りは避けるけれども。また、カントの永久平和論にかこつけて言えば、故国喪失者は普遍的な外国人であり、絶対の客人でもある。ホスピタリティの原則は、よそ者を唯一無二の友としてもてなす態度にあった。ジュネはアメリカに密入国し、ブラックパンサーと生活をともにしたあと、パレスチナに飛んだ。アメリカはパレスチナ人、サイードに（多少の苦みをまじえながらも）自由を授けた。サイードはその自由を謳歌し、自分に求められた役割を自覚し、それを全うしようとした。そして、彼がみずから引き受けた役割を果たそうとして危険な発言をくり返しているのを目撃したとき、少数者の側にいる者たちだけでなく、多数者の側にいる人たちも心を動かされ、普段の生活からは想像だにできない苦難や悲痛を思いやることになった。

故国喪失者が声を上げるとき、その声に応える者は、マジョリティのステイタスに甘んじる者ではありえない。少数者の言葉にならない声に耳を傾けるとき、多数者の耳はか細い声を轟かせるスピーカーになり、言葉の肉付けを行なう「知識人」の耳をもつことになるだろう。故国喪失者になることはできなくとも、その声を聞いて他の人に伝えることは誰にでもできる。

「たとえほんとうに移民でなくとも、故国喪失者でなくとも、自分のことを移民であり故国喪失者であると考えることはできるし、数々の障壁にもめげることなく想像をはたらかせ探究することもできる」（一〇九頁）。

サイードが言うように、私たちが少しでも「想像をはたらかせ探究す」れば、そこに移民や故国喪失者、難民の悲しみを見ることができる。そして、個々の移民や難民の苦悶を解決すべく事実関係を明らかにしていけば、その先に見えてくるのは、第二章で見た現実、すなわち二〇五〇年に一〇〇億に達しようとする人口爆発の問題に直結する重い現実なのだ。大量殺戮という乱暴な手段に訴えることが愚劣であり、絶望的な結果しか生まないということがわかっている以上、できることは一人を救出することで全体をも救う道しかない。そして、その道はもっとも弱い者の側に立つことから始まるのである。

人々が感情に流されて中心的（求心的）な価値に寄り添おうとするとき、私たちは逆のベクトルを行く準備をはじめるべきだろう。なぜなら土地と食べ物に恵まれ、とりあえず安定した政権に恵まれた国に身を置いていると、そうでない者たちの境遇を想像することが難しくなるからである。定住者の既得権が脅かされると感じれば、来訪者の腹の具合を思いやるどころか、彼らを厄介なじゃま者あつかいしかねない。私たちが、明日にも失業しかねないという心配がなく、家が何者かに爆撃される心配もなく、居住区が一夜にして廃墟と化す心配のないところにいるとき、そのような目に遭い、戦火を逃れてきた家族が目の前にいることを理解することができるだろうか。着の身着のままで、汗と泥に塗れた者たちが故国で味わった悲惨を想像し、その故国を失ったことを我がこととして想像できるだろうか。

他者と未来の我々自身　世界は驚愕すべき速度で狭まっている。小心な者たちが他者を遠ざけようと邪険にするとき、彼らの無慈悲な振る舞いが逆説的に他者の近さと世界の狭さを物語ることになるだろう。そして、他者に対する想像力の機能不全は、ひるがえって私たちの未来にも暗い影を投げかける。想像力の麻痺は、我が身に降りかかる未来の苦難からも同じようにして目を塞がせてしまうのである。したがって、私たち自身の行く末がすぐ目の前の他者の姿の中にあると想像できるなら、他者に対して何をすべきかも即座にわかるだろう。サイードは、それゆえ自身の恵まれた立場からではなく、彼自身が今なお寄る辺ない故国喪失者であり、今後も変わらずそうであることを忘れないためにも、次のように言うのである。

「わたしがいいたいのは、知識人が、現実の亡命者と同じように、あくまでも周辺的存在でありつづけ飼い馴らされないでいるということは、とりもなおさず知識人が君主よりも旅人の声に鋭敏に耳を傾けることであり、慣習的なものより一時的であやういものに鋭敏に反応することであり、上から権威づけられてあたえられた現状よりも、革新と実験のほうに心をひらくことなのだ」（一一〇頁）。

社会の中心にいる者たちの主張は、誰かが代わりに発言しなくとも、すみずみまで行き渡る。ところが社会の周辺にいて、誰も耳を貸してくれない者たちの声は、消え入りそうになるか、ほどなく沈黙のうちに沈んでゆくよりほかにない。知識人が彼らの代わりに発言するとき、はっきりとわかるのは、代弁とは、か細い声の増幅装置であり、いわば拡声器の役割を買って出ることだということである。

そして、その拡声器は権力の声ではなく、旅人の声に耳を傾けるのでなければならない。旅人には二種類の方向性がある。故国を出て、諸国を遍歴し、さまざまな人と出会って故国に戻る人――彼らは世界がどんなに広く、どれほど色々な文化があり、さまざまな食べ物とさまざまな暮らし、人々の親切さと残酷さ、権力の横暴さと人々の悲惨について、あなたに語ってくれるだろう。もう一種類の旅人は、故国を追われ、仕事を失い、家を失い、住むところも食べ物もない者たちだ。母語が通じず、伝えようにもその手段がなく、身振り手振りで訴えるしかない人々である。二種類の旅人のどちらも、私たちにとっては外の風を運んできて、私たちの視線を外に向けるのを手伝ってくれる人たちである。

サイードのメッセージは、しごく単純だ。旅人の声を聞け。君主や権力といった中心に向かって針路をとるのではなく、外や周辺に向かう針路をとらなければならない。中心に向かう針路しか見えない者たちは、たとえ政府が他者への寛容を訴えるときでさえ、故郷喪失者を足蹴にしようとするだろう。彼らは権力にすり寄るというよりも、想像上の多数派に一体化し、排外主義的な態度を取ることで故国をよそ者の勢力から守れるものと信じている。そのとき、彼らは個人の意思で動いていると信じこんでいるが、その個人が想像上の多数派に溶融し、もはや個人ですらなくなっていることに気付かない。だから、他者を追い出し、故郷喪失者たちを締め出すとき、彼らは彼ら自身のそう遠くない未来の境遇を、彼らの現在から締め出していることに気づかないのである。世界は彼らが思っているよりずっと狭く、未来は彼らが思っているよりずっと近いのだ。

個人であり続けるのは、案外、むずかしいのかもしれない。想像上の多数派に取り込まれず、マジョリティに溶融しないでいるためには、どうしたらよいのだろう。

簡単なことだ。自惚れないこと。自分が聡明で、自分がもっとも頭がよいなどとは間違っても思わないこと。自分がたまたま他者よりも恵まれた境遇にあるのは、自身にそれだけの力があり、ふさわしい環境をかち取ったからだなどと断じて思わないこと。自分自身の感覚や指向性が中心に向かいそうになったら、方向をずらし、螺旋を描き、外への軌道をつけ加えること。中心的ベクトルを避けて、脱中心的なベクトルをできるだけ多く描くように心がけること。決してベテランにならないこと。個別の技は熟練しながらも、常に新たな技の習得に貪欲であること。専門という小部屋に逃げこまないこと、もしくは専門を逃げ道にして、住みなれたところに戻っていこうとする気持ちに抵抗すること。それゆえ初心者になるのを恐れないこと。むしろ初学者であることを最上の悦びとすること。プロフェッショナリズムよりもアマチュアリズムに忠実たらんとせよ。

プロフェッショナリズム批判　サイードが知識人に要求していることを簡潔にまとめれば、以上のような教訓的な言葉になるだろうが、結局のところ、そのような態度は古来から言われる「初心忘るべからず」という戒めが説くことと大して変わらない。そう、実に当たり前の教訓が言っているることをサイードは蒸し返しているだけなのだ。しかし、にもかかわらず、古来の戒めが未だに重要な価値をもつのは、どれほど初学者たらんとしても、その新鮮な気持ちを萎えさせ、いつの間にか「初心」を挫く罠が待ち受けているからである。サイードがアマチュアリズムに対立させたもの、それは「専門主義《プロフェッショナリズム》」である。なにより知識人をおびやかすのは「専門主義」だと言いながら、サイードはその専門主義を以下のように定義している。

「専門主義ということでわたしが念頭においているのは、たとえば朝の九時から夕方の五時まで、時計を横目でにらみながら、生活のために仕事をこなす知識人の姿であり、こんなとき知識人は、適切な専門家としてのふるまいにたえず配慮していることだろう――自分が波風をたてていないか、あらかじめ決められた規範なり限界なりを超えたところにさまよいでてはいないか、また、自分の売り込みに成功しているか、自分がとりわけ人から好感をもたれ、論争的でない人間、政治的に無色の人間、おまけに『客観的な』人間とみられているかどうか、と」(一二三頁)。

サイードの描く専門家像は、はっきり言ってみにくい。つんと澄ましているようでいて、その実俗悪きわまりない。知識人が覚悟を決めて立ち上がり、寄る辺なき個人として声を上げるとしたら、専門家はあくまでも業務として研究に励み、ほめられたいと望んでいるから権威に媚び、同業者の顔色をうかがい、科学的客観主義やら素朴実証主義から一歩も出ようとしない。彼の描く専門家像は、ウェーバーが擁護した専門家の現代的な姿であり、プロフェッショナリズムの成れの果てである。

ブリンカーをつけた競走馬よろしく、専門家は今や「知識人」などという言葉は気恥ずかしくて口にすらできなくなっているのだろう。「学者」という言葉でさえ滅びる寸前だ。彼らは自分たちのことを「研究者」と言い、「いやいや、知識人などと呼んでくれるな」と大げさな身振りで固辞するにちがいない。

3. 専門研究者への苛立ち

ある逸話から　岩波書店の『思想』という雑誌の元編集の方から面白い話を聞いたことがある。あるとき、ひとりの若手研究者から電話で問い合わせがあったのだという。名前を聞いたこともないその研究者が言うには、

「あのう、『思想』という雑誌には「査読」はあるんでしょうか？」

「査読」とは、同じ分野、もしくは隣接領域の専門家が論文に目を通して、掲載の諾否を決定し、権威のお墨つきを与えるという学会誌に特有のシステムである。

岩波書店は学術書をたくさん出しているが、研究機関でも学会でもなく、一出版社であり、営利

企業である。だから、その電話を受けたとき、編集者は思わず絶句したそうだ。そして、右の質問には——

「いえ、ご存知と思いますが、岩波は一企業であって、当然、『思想』も書店で売られている他の雑誌と同じ商業誌です。なので、査読などというシステムはありませんよ」

そう返答すると、若手研究者の言うには、

「そうですか、わかりました。査読がないのでは、私の論文は取り下げさせていただきます」

「え？　あ、そうですか。それはどうも」

この逸話がどうして語り種になったかといえば、電話を掛けてきた人物を編集部の誰も知らず、したがって、原稿を依頼した事実もなかったからである。『思想』から執筆の意向を尋ねられたことすらないにもかかわらず、その若手研究者は、依頼されてもいないし、投稿してもいない原稿を一方的に取り下げるという、投資銀行でもできないような離れ技をやってのけたのである。

一般の読者には、ややわかりづらいかもしれないが、いわゆる学術雑誌には、本屋で売られていない学会誌というものがある——海外では本屋でも売られているものもあるが——。学会に登録していれば誰でも投稿できるが、専門の審査員が投稿論文を読んで「ＯＫ」を出さないと掲載されない仕組みの雑誌である。いつの頃からか、「査読＝専門家のお墨付き」というシステムが重視されるようになって、そのシステムを通過していない論文は論文ですらないという扱いを受けるようになってしまった。ちなみに右のような珍妙な問い合わせは、一件や二件にとどまらないという——

それだけ人文知の病状は重いと言わなければならないようだ。

カントやウェーバーには、たぶん査読つき雑誌に載った論文は一本もないだろう。ダーウィンやメンデル、ニュートンにもないだろうし、ニーチェやアダム・スミスにもなかったはずだ。

だからどうでもいいというわけではなく、昨今は査読つき学会誌なるものが実入りのよい商売になるらしく、年ごとに倍々の勢いで増えているそうだ。なかには一定額の金さえ払えば査読のお墨つきがもらえるものさえあるらしく、ずいぶん繁盛しているらしいが、売り手にも買い手にも後ろ暗いところがあるようで実態はよくわからない。ペーパーレス時代を利用した悪徳業者まがいのものも多そうだし、大学院生のために大学が発行している雑誌すら次々に査読つきシステムに移行し、全国の研究者に迷惑のかぎりを尽くしているのは大学関係者なら周知の事実である。今やネコの手も借りたい状況となり、実際にネコが査読している雑誌もあると聞く。

新人オーディションのようなシステムが大繁盛し、書き手が殺到しているくらいなのだから、一般読者を対象にしたプロの舞台はさぞ賑わっていそうだ。しかしながら、一般人を想定した『思想』や『現代思想』の売れ行きは芳しくない。それらの雑誌の売れ行きが減った大きな契機は、定期購読をしていた年配の大学教員がみな定年退職を契機に講読を打ち切ったからである。実体がなくとも「査読」という灯りが目に入れば蛾のように寄り集まるありさまだから、若手の研究者たちが商業誌の定期購読を引き継ぐ格好にもなっていない。

したがって、日本からゆっくりと「思想」という言説が滅び、「論壇」や「思潮」といった言論の世界もまた衰微の一途をたどり、絶滅寸前の状態にある。

その代わりに台頭してきたのが、書店に並ぶことなく、ただ専門家が業績を稼ぎ、権威や同業者からマルをもらうために存在する査読つき学会誌である。今や、研究者の世界に蔓延《はびこ》っているのは、ほとんど読者のいない媒体に「書きたい」「載せたい」「業績がほしい」という不思議な動機で文のかたまりが殺到する学会誌なのである。

ウェーバー再び　マックス・ウェーバーは諸価値の乱立状況を受けて「科学に多くを求めすぎるな」とたしなめた一方で、専門科学に固有の限定的な価値を擁護し、死守しようとした。それは揺籃期の社会学や心理学がようやく対象領域を見出し、成果を上げはじめたばかりの頃でもあったからだ。それぞれの学問に固有の方法論もやっと整備され、調査方法や分析方法もようやく確立したばかりだった。

諸科学も伝統的価値から離脱しつつあったが、それは「神の死」のようなスキャンダラスな否定の形をとらず、科学的な真理の観点から漸進的に移行すべきものだった。

ところが、当時は伝統というだけで乱暴に踏みにじり、権威といえば反射的に噛みつく態度が横行していた。主知主義に対する反動が荒れ狂い、知性に対する反発ばかりが顕著な時代において、ウェーバーの態度は科学を仕事に選んだ者にとって一つの矜持ではあったろう。

しかし、時代が流れた。専門分化の波は弱まるどころか、ますます強く激しくなる一方だ。その波を押しとどめる者はいそうにない。今や人文と自然とを問わず、諸科学はマニアックで病的な細分化にひた走っているようだ。

しばしば数学や理論物理の世界では、同じ分野の競争者が一桁台になる場合もあると聞く。それらのマニアックな言語世界は、我々が一読者としてのぞいてみたところで、なにひとつ解せないだろう。とはいえ、私たちが読もうとしたところで読めないということを、彼ら自身が研究以外の事柄を遮断して、タコツボに閉じこもることの口実にはできない。専門の同業者が少ないことは、彼らが知識人としての責任を問われないということをいささかも含意しないのだ。

ならば人文科学の場合はどうだろう？　さらに罪は重いと言うべきだろう。社会学者や心理学者、経済学者の仕事が専門の学会誌にかぎられ、学会員にしか届けられない雑誌にのみ掲載され、一般読者の目に届かなくなったら、そのとき、人文科学の存在意義はどこにあるというのか。ひところ人文系学問の不要論という摩訶不思議な声が上がり、多くの大学関係者は焦ったり怒ったりしたものだが、私はそういう声を上げさせたのはグロテスクに細分化し、狭小な専門の小部屋に逃げてしまった人文科学者たち自身の責任であると思っている。

そして、そうした人文科学者の戯画的なモデルこそ、ウェーバーが『職業としての学問』の中で述べた次のくだりに明白なのである。すでに二度目の引用になるが、何度でも引いて、反芻しておくべき文章なので、遠慮なくもう一度引いて読み返そうか。

「実際に価値ありかつ完璧の域に達しているような業績は、こんにちではみな専門家的になしとげられたものばかりである。それゆえ、いわばみずから遮眼革《めかくし》を着けることのできない人や、また自己の全心を打ち込んで、たとえば写本のある箇所の正しい解釈を得ることに夢中になるといったようなことのできない人は、まず学問には縁遠い人々である」（ウェーバー『職業としての学問』二二頁）。

これまたくり返しになるが、「遮眼革《めかくし》」は英語でブリンカーと言い、競走馬が集中力を削がれないよう装着する馬具のことだ。馬は側面を遮断され、正面しか見えなくなり、走ることに集中できるという按配だ。

右の文章が含意する事柄について、二点ほど触れると言いながら、前章では一点目を触れ、二点目は後回しにした。

今、その二点目に入ろう。二点目は第一の問題の裏面を構成する。

試しに、こう問うてみよう。専門分化を言祝ぎ、おのれの専門領域に専心することになんら疑いを容れないでよかった時代ならまだよいが、二一世紀の今、ここに至ってもなお、競走馬のごとく「遮眼革」を着けて、専門外の事象を雑音のごとく斥《しりぞ》けつづけることにどのような正当性があるだろうか。

ブリンカーを付けた競走馬にあるのは、今や専門分野の正当性などではなく、あえて世界から目を背けようとする欺瞞ではないのか。
なぜなら、ウェーバーが聴衆に投げかけた「悪魔のやり方を底まで見抜いておかなくてはならない」という言葉は、ものを知らない学生たちに対してだけでなく、「遮眼革」を装着して意図的に視野を狭めている専門家たちに対しても投げかけられるべきものだからである。遮眼革を着けるということは、狭めた視野の外にあるものすべてについて、知る価値があるのか否かの判断を放棄することを意味するのではないか。いわば専門的な視野狭窄に陥っている者たちに対してこそ、ウェーバーが「悪魔のやり方」云々の前に告げていたこと、すなわち「これを避けてばかりいてはならない」の「これ」に別の言葉を記入して投げ返さなければならないのではないか。

ウェーバーの責任とばかりは言えないが、この、いわばブリンカー問題は、当時の専門家たちを知識人の責務から救っただけでなく、のちにナチス台頭を許したドイツの論壇に言い逃れの手段をも与えてしまった。その意味で、ブリンカーをめぐるくだりは、知識人に責任放棄を許したことで今なお槍玉に上げられることも少なくない。もしもその後も専門分化にひた走る諸科学のタコツボ化をなお正当化する言葉として機能しているとすれば、のちにウェーバーの業績を全力で擁護する者が別の著書で仕掛けた戦いを、ここで蒸し返しておく必要がある。

デュピュイの怒り　フランスの思想家にして知識人でもあるジャン＝ピエール・デュピュイは、

右のウェーバーの文章を二冊の本で引用している。一冊目は『チェルノブイリ　ある科学哲学者の怒り』という、表題からすでに著者の怒りが伝わってくる書物においてである。ウェーバーの右のくだりを引いた直後、デュピュイは次のような怒気を含んだ文を書きつけている。

「その結果、科学者の大部分が根本的に科学的に無教養であるということになるのだ。量子光学の実験研究者は、同じ量子論でも引力の話はまるで知らない。生命科学の分野で高名なフランス人は、（文字通り）『フォン・ノイマン』のことを『カルティエ・ラタンの知識人の一人』であると思っている。それぞれが、己のきわめて狭い専門領域については甚大なことを知っているが、その領域での同業者は一〇人ほどしかおらず、それは彼のライバルでもあるのだ。過去については語るまい。なぜ時間を割き自らの専門分野の歴史を学ばないのか。科学が漸進的に真実へと向かっていく進歩だというのは周知のことであるのに、典型的な科学論文の参考文献書誌を見てみるがよい。あたかも科学は三年前に始まったかのようだ。知的活動が文化と呼べるものになるためには、少なくとも、自己言及的反省回路があることが必要であり、自己ではないものとのしっかりした交流がなくてはならない。超＝競争的科学、従って超＝特殊化された科学は、何にでもなり得るが、文化的活動とはなり得ない」（ジャン＝ピエール・デュピュイ『チェルノブイリ　ある科学哲学者の怒り』永倉千夏子訳、明石書店、二〇一二年。一一二頁）。

引用文中の「引力」は、たぶん重力と訳した方が適切だったろう。量子力学が古典力学を克服できないのは、重力の量子論が未完成であり、まだ完成のメドも立っていないからだ。それゆえ、重力に関しては今も一般相対論が最先端にある。量子力学が一般相対論をまる呑みできたとき、物理学の統一化は大きく前進するだろうが、そのときはそのこととして、今は量子論の専門家の多くが極端な視野狭窄に陥り、ごく狭い分野と、たかだか数年の歴史しか見ていないことが批判の対象になっていることを確認しておくにとどめよう。つまり、標的は専門家と言われる人々の恥ずべき無知であり、彼らの厚顔無恥なのである。

もちろん、無知（無恥？）は量子論の専門家だけではない。科学者全般の無知と無教養が標的になっている。デュピュイの筆致は痛烈だが、無理もない。『チェルノブイリ』が告発する専門主義は、原発事故に起因することが明白な患者を前にしていながら、発症が統計的な誤差の範囲に収まるか否かばかり議論している医師たちの存在が前提になっているからだ。日本でも高校生の甲状腺ガンの検査がさかんに行なわれ、患者数の推移が新聞で発表されるのは、チェルノブイリ後に若い世代で大量に発生し、手術跡が「甲状腺ネックレス」という隠語で呼ばれるまでになっていたからである。そして、日本では高校生の患者など臨床の現場でも見たことがない医師が大半だというのに、新聞記事の末尾には必ず専門家の言葉として統計的な誤差の範囲に収まるという文言がつけ加えられていた。目の前に発症した患者がいて、しかも減るどころか増えている現状を見ていながら、その現実を統計学的な数値の範囲に解消してしまうというのは、なんたることだろうか。

そして、このような専門主義の弊害こそ、サイードが知識人の名において真っ向から反対していたものだということもつけ加えておこう。

さて、デュピュイのもう一つの文章であるが、やはりウェーバーの同じくだりを引いたあと、『聖なるものの刻印』では次のように続けている。

「いかに巧みなものとはいえ、マックス・ヴェーバーの分析が、よそでもここでも、未来によって否認されることを望むべきだろう。遮眼革をつけた学者、これこそまさに、われわれの社会がもはや育成したり維持したり保護したりするのを認めるわけにはゆかないものである。われわれの存続がかかっているのだ。われわれが必要としているのは、『反省的』な科学者である。つまり、しばしば彼らの研究計画に現れるイデオロギー的な夾雑物に対してよりナイーヴでなく、同時に、みずからの科学が一連の形而上学的な決断に否応なく立脚していることに対していっそう意識的な科学者である。神に関していうと、お差し支えなければ、そのような仮説はなしで済ませてもらいたい」(ジャン＝ピエール・デュピュイ『聖なるものの刻印』西谷修・森本庸介、渡名喜庸哲訳、以文社、二〇一四年。一三六頁)。

ちなみに文中の「ナイーヴ」という単語だが、日本語に定着した意味では「鋭敏さ」や「繊細さ」と理解されることがあるが、英語やフランス語ではむしろ逆であって、引用文中であれば、自分の主張が依って立つイデオロギー的な基盤に対して「鈍感」であり「思慮が足りない」ことを意味する。ナイーヴであることは都会的な洗練の逆であり、つまりは田舎っぽい素朴さを意味する。素朴で何も知らない者の態度（ナイーヴであること）をデュピュイは許しがたいと言っているのだ。ある研究者が調査結果の分析から何らかの命題を提起するとして、デュピュイはその主張がどのような系譜の上に位置づけられることになるかを自覚せよと述べているのである。

身体障害者の生存権を脅かすような動機を堂々と開陳した殺人鬼が現われたことが記憶に新しいが、彼の行為が海外でも大々的に取り上げられたのは、多くの被害者を出したこともあるが、それよりも動機の発言が依って立つ理論的な土台がきわめて重大だったからである。そして、そのような思想傾向は事あるごとに出現し、あたかもその主張の磁力に引かれたかのように少なからぬ者たちの賛同を集め、奇妙な盛り上がりを見せていた。実際、匿名性の陰に隠れたネット上の言論空間は、しばしば弱者への公的給付に対する口汚い批判であふれ、あたかも弱者の死によって給付が打ち切られるのを願うかのような台詞があぶくのように立っては消えていた。さらには、そこに外国人に対する給付や援助を許すまじ、といった途方もなく粗暴な言葉が絡みついてゆく。

おそらくは、そのような思想に引き寄せられ、歪な思想に取り憑かれた者が、きわめて短絡的な形で思想を行為に移した結果として、今後はむしろ同じ思想に共鳴しそうになっていた人々の口を（短期間ではあれ）一斉に噤ませる格好になったにちがいない。そして、彼らが今後、ほとぼりがさめた頃にもう一度おなじ言葉を口にしようとするとき、その言論の内容がいかなる土台の上に築かれ、いかなる系譜を描いてきたものであるかを否応なく認識させられることになるだろう。
知識があるということは、ある主張を述べる際に、それが依って立つ土台を自覚し、いかなる系譜の上にあるかを知っているということを含意している。一人の個人として発言しながら、そのときの発言者の立場をカントが「学者」と述べたのは、一定の知識があることを前提とし、その知識をもつ者としての責任を想定していたからである。人が固有名を出し、その名の下に主張する以上は「責任」をとらなければならない。その際に、自分の主張が依って立つ地盤を知らなかったという言い逃れは通用しない。
もう一つ例を挙げておけば、イスラム教徒と聞くと反射的に「原理主義」とみなし、拒否反応を示す人々がいる。それがアメリカ人である場合、彼らはどうして自分が信じるキリスト教の神を棚に上げておきながら、他者の神のみを拒否し、排そうとするのだろう。デュピュイが「神という仮説」について、できれば「なしで済ませてもらいたい」という旨の主張を、サイードはもっと辛辣にこう述べていた。

「わたしはこう問いたい。あなたたちはなぜ、神が存在するなどと、まがりなりにも信じたのか、知識人であるくせに、と」（サイード、一八〇頁）。

神々の争いは必ずなじりあいになり、戦いを泥沼化させるだけだ。だから、他人の神を誹謗するつもりなら、自分の神を捨てる覚悟でそうせよ、ということになる。ウェーバーが提唱した脱呪術化は、神ないし神々に対する信仰や宗教生活を探究の対象にすることは許容しても、神であれ神々であれ、もはや探究の典拠にはならないし、正当性の根拠にもなりえないことを前提にしていた。実際、信仰の話題を抜きにし、棚上げすれば、神という準拠が常にデータ不足に悩まされていることを打ち明けないでも済むようになるだろう。また、こっちが善で、あっちが悪という、一方的な決めつけに陥らなくても済むだろうし、実際にできなくなるだろう。

それゆえ、サイードとデュピュイの神をめぐる主張を一般命題にすれば、次のようになる。あなたの信じる「善」をあなたの主張の後ろ楯にしてはならない。もしも「善」を必要とするなら、その善がなにを足場にし、どんな脚で立っているのかを明らかにしなければならない。さもなければ、あなたが自分の脚で立ち、あなたの主張が何を意味するかを十分に考慮した上で発言すること、これこそが現代の知識人に求められている倫理的な態度である。

さらに、ブリンカー問題に対する決着についても、次のような言葉にまとめることができるだろう。すなわち、専門分野に逃げるな、同業者の顔色をうかがうな、自分の「善」を前提にするな、と。しかし、ただ一人の個人として「学者」であり、かつ「知識人」であれ。これが一つの結論となる。

ただし、今、二一世紀のこの時代において、求められている仕事がいったい何なのかは、もう少し考察を要するだろう。

明確な針路を示してくれる文章がある。先に引いたウェーバーの言葉、「これを避けてばかりいてはならない」という発言に対し、ジャン＝ピエール・デュピュイは「これ」に明白な答えを入れて、次のように言うことだろう。

「人類の未来にのしかかる厖大な難題と脅威に直面して、ただ万人に近づきうる一般教養だけがわれわれを救うことができる。ただ、そのためには科学技術的教養もその構成部分とならなければならないが、そのためには科学技術的文化の存在が前提になる。だが、現在はそうなっていないのだ。

二一世紀のまともな人間は、なぜ科学技術的文化になじまずにいることが許されないのか。わたしはその問いを根本から捉えることでそれに答えたいと思う。一般教養は、それがまず何より人間たちの、万人の自由への教養でないとしたら、ブルジョワ的体裁の虚しい飾りでしかないだろう。〔中略〕フランスのよき知識人は、いまや行為が優先的に作用する科学の諸領域で、みずからの無知を広げてご満悦なのだ。このどうしようもない無教養がそんな知識人を無能に陥れている。現在、知的かつ政治的議論のたいそうなお題目となっているあらゆる問いは、もう一度、自然と技術に中心的な位置を与える道徳的かつ政治的な哲学の枠内で想起し直さなければならない」（デュピュイ『聖なるものの刻印』六七－八頁）。

先の引用では、科学者の無知が槍玉にあがっていた。つづいて科学に対する知識人の無知が批判されている。「専門じゃないから知らないし、よくわからない」じゃ通用しないし、そんなことをほざいているような人材は、そいつが属する専門分野ともどもに必要ないということにもなりかねないのだ。

もはや専門分化の黎明期ではない。細分化と高度化が野放図に進められ、専門家たちは隣接領域の問題にすらすっかり疎くなった。一方には高度化と専門的な細分化を推進する成果主義の圧力がある。他方には無惨なまでの無教養がほったらかしの状態にされている。

デュピュイが告発しているのは、知識人と呼ばれる種族の救いがたい技術音痴だけでなく、専門家を自称する者たちのほとんど病的とすら思われる無教養ぶりでもある。しかも、知識の独占と絶望的な無教養ぶりは相反する特徴ではなく、どうやら一人の人間のうちに同居している性質らしい。たった一人の人間においてすら、高度な専門知識と無教養のあいだには広大な隔たりがある。ならば、なんとしても埋められなければならないのは、それらのあいだの隔たりにほかならない。なぜなら広がるばかりの知と無知との隔絶こそが反-知性主義の温床になっているからである。すでに二〇世紀の初頭においてすら、広大な知識を一人の脳で網羅するのは不可能な状況になっていた。だからこそ、ウェーバーの発言にデュピュイのキーワードを組み込み、こう言わなければならない。

「一般教養を避けてばかりいてはならない」。

我々には専門家の言葉を鵜呑みにせず、しっかり点検するためにも一般教養の蓄積が必要なのだ。

居丈高に大衆の無知を嘆くのはたやすい。しかし嘆かなければならないのは我々自身の無知の方なのである。そして、今、真に必要なのは、大衆により良質な一般教養を提供しうる知識人の腕前なのではあるまいか。解きほぐしがたく絡み合った知と技術の錯綜を可視化し、明快に解剖する「知識」が必要なのではないだろうか。それはもちろん鬱陶しい価値観を押し付けるための事実の羅列であってはならない――だから我々は人が知識人然として、もしくは専門家然として滔々と自説を述べるときにこそ、もっとも警戒して掛からなければならない。

先ず必要なのは、確実に知識を提供し、大衆にとって的確な判断を可能にする「教養」を培養し、蓄積しておくことである。不足しがちなのは我々の判断ではなく、彼らが判断するための材料なのだから、私たちが真っ先に「遮眼革」を外し、「悪魔のやり方を底まで見抜いておかなくてはならない」。そこにこそ我々にとっての「価値」が宿る――一般教養は我々が自身の未成年状態から脱するためのツールであるばかりか、その価値を奪還せずして人文科学や思想に未来など現われようはずもないのである。

終章　ありうべき教養とは何か

1.　世界を語ること

なすべき仕事　世界は知られることを待っている。教養は、世界の要請に応じる営みであり、それゆえ世界に関する知であろうとする。

それゆえ、教養は一ジャンルではありえない。一般教養というジャンルの知識があるのではない。常識人なら一応は知っておかなければならない知識の範囲があるわけでもない。クイズ番組で出されるような広く浅い知識が教養というわけでもない。

たぶん小学校や中学校で教えられる基本的な知識は、一般教養に含まれるだろう。しかし、それで教養のすべてが網羅されるわけではない。小中学校では時事問題やその意味するところなどは教えてくれないから、当然のように知っておくべき事柄の大半は学校以外のところからゲットしなければならない。

本当に知りたい知はどこにあるのか？

周りを見回してみる。あるだろうか？　たぶん、ない。


二酸化炭素濃度をはじめとする温室効果ガスの問題に関する知はすでに相当量が蓄積されている。大気中の酸素は植物の生命活動の産物であり、かれらは光合成によって二酸化炭素を吸収する。とすれば、ＣＯ２濃度の上昇と、世界中で進行する森林伐採との関連は、あるのだろうか、ないのだろうか。あるとすれば、どの程度であり、伐採による植物の減少は今後の酸素濃度にどのような影響を及ぼすのだろうか。

毎年、スマホの新機種が発売されるが、材料に必要なレア・アースの供給は中国との軋轢《あつれき》のあと、どうなっているのか？　レア・アースを採掘し、精製する鉱山は周辺の住環境を汚染し、人の住めない環境にすると言われているが、汚染地域はどれくらいの広がりを見せているのか？

人口問題と食料供給の問題はどのような局面を迎えているのか？　このまま人口が増えていっても、人間に食料を供給するだけの能力が地球には残っているのだろうか。水資源の管理者は人々の渇きをいやすだけの量を確保できているのだろうか。あるいは飲料水を犠牲にして水力発電に回していたりしないだろうか。

漁業資源はまだ取り尽くされていないのだろうか？　ウナギは？　サメ（フカヒレ）は？　サンマは？　人間が特定の種を取り尽くした結果として、海洋資源の将来はどうなるのか？

人類を啓蒙する速度は、人口爆発の速度に追いつくことができるのだろうか？　温暖化のティッピング・ポイント（後戻りできない転換点）は、あと何年後に訪れるのだろうか。急速な温暖化から安定した温暖期への移行にはどれくらいの時間を要するのだろうか？　また、温暖化によって海水に埋もれ、居住できなくなる地域の面積は、新たに居住可能になる面積と差し引き勘定して、どれくらいの見積もりになるだろうか。

メタンは輝けるエネルギー資源なのか、不吉な温室効果ガスなのか？

日本は少子化を解決すべきなのか、あるいは今後も少子化を維持し、人口が減っても国家として社会として安定状態を築けるというモデルの構築を目指すべきだろうか？

自由経済が必然的に格差の拡大ないし再生産に帰結するのが本当だとすれば、経済は熱力学第二法則に反し、市場経済は自然法則に反するということになりはしないだろうか。その際、自然に反する数学的モデル化は、必然的に反－物理学にして非－物理学になるのが必定ではないのか。とすれば、経済学の理論モデルは、反－自然的な数理モデルを構築するか、数理モデルを放棄し、人間の生々しい事実を記述し、経済の力を損なわずに仕組みを変える道を探るしか選択肢がないように思われるが、いったい経済学はどちらに進もうとしているのか？

テロリズムとは何か？　テロリストとの話し合いは可能なのか？　彼らが核兵器をもっていない

のは、まだ組み立てるに至っていないだけだというのは、次第に常識になりつつある。もしも彼らが兵器としての核を所有したとき、抑止力の概念はそれでも効力をもつのだろうか。

麻薬撲滅、「テロとの戦争」、核廃絶、これらは現在、どのように絡みあっているのだろう？

人間以外の動物たちはみんな滅んでしまうのか？　生き残るとしたら、犬、ネコ、ニワトリ、ブタ、ウシ、それ以外は？

戦争は？　難民は？　ジカ熱は？　ＨＩＶは？　マールブルク病は？　エネルギー資源は？

リスク管理の思想は、これから訪れる複合的な危機に対応できるのか？

そして、地球の寿命は？

ぱっと思いついただけでも、これだけあり、大半は問題の根っこで組んずほぐれつしている。考えつづければ、問いはもっとたくさん出てくるし、いくらでも出てくるだろう。しかし、考えつづけているとクラクラしそうになる。

おそらく、それぞれの問題に対して、さまざまな専門家が状況を分析し、報告してくれていることだろう。しかし、さまざまな事実を付き合わせて、照合し、今、本当に切迫しているのはなんであり、世界がどうなっているのかを教えてくれる「知」は意外なほど少ない。

個別の知識は蓄積されているし、更新もされている。しかし蓄積された知識を照合し、それらの関係を含め、総合する作業、つまり一般教養化の仕事が著しく遅れているのだ。

大学生をはじめ、みなが思考放棄し、考えるのをやめてしまうのは、あまりにも色々な事柄が絡みあっていて、なにがどうなっているかわからなくなってしまったからだろう。問題がありすぎて、考えるのが怖くなるからやめてしまうのかもしれない。しかし、思考放棄する手前で、みなが頭に思い浮かべる問いは、はっきりしている。

世界は今、どうなっているのか？

この問いに無理を承知で応えようとする試みこそ現在、「教養」に求められていることだ。用心深く逃げ場所を作った上で、言っても言わなくても同じようなことだけ述べて点数を稼ぐのは、もうやめよう。そうではなく、あくまで一般読者を想定した上で、この世界に起きている幾重にも重なり合っている危機のメカニズムを解き明かすこと、これである。

いかなる角度から迫るのでもいいし、どこで力尽きるのでもいいから、説明しきれないとわかっていることに挑んでみること、これが教養を担おうとする者たちに今、求められている挑戦なのだ。

ウェーバーのゲリラ性　マックス・ウェーバーは、専門分化の流れを擁護していたが、彼自身の研究はむしろ専門の壁に次々と穴をこじ空け、分野の塀を突き破りながら、掟破りのアプローチをしていた。代表作の『プロテスタンティズムの倫理と資本主義の精神』は、今もってどんな分野の作品なのかよくわからない。普通にいえば、経済史に宗教社会学の視点から光を当てた傑作ということになるだろう。しかし、書かれていることは、一個人の心理や生活態度が資本の蓄積を可能にし、資本主義の車輪を回転させてゆくエンジンになっていく様子である。しかも、結論部に希望の灯火はなく、むしろ専門分化の悲しい未来を嘆き、まだ訪れていない未来に絶望しているようだった。彼が希望を抱かなかった未来が、ますます希望のない状態に陥りつつある。ウェーバーのアプローチが今でも歴史や経済の専門家や権威をいらだたせるのは、彼の社会学が次々と隣接領域に侵入しては、美味しいところだけ盗んでいくようなゲリラ的な学問と目に映ったからではなかったろうか。今なお、ウェーバーのいわゆる『プロ倫』を批判することだけを目的にした研究が相次いで上梓されるのは、いかに彼の作品がある種の人々にいらだたしく感じられたかを雄弁に物語っている。ちなみにデュピュイの『経済の未来』はウェーバーの『プロ倫』を熱っぽく擁護した本でもある。

たぶん、ウェーバーの仕事がもっていたゲリラ性が現代の「教養」にも必要なのだ。

たとえば、バーノフスキーとハドリーの“Tipping Point for Planet Earth”を読みながらつくづく思い知らされたのは、「ああ、社会学者と哲学者が今も本当に臨床的な知をモットーにしていたら、こういう仕事を生物学者に持っていかれなくても済んだはずなんだけどなあ」という感慨だった。今、人間の運命と地球の寿命を真剣に見据えながら、調査し、発表し、世論に訴えているのは、残念ながら人文系の研究者ではなく、生物学者や地質学者たちである。

だが、彼らはすべてを語り尽くしたわけではない。彼らは彼らが得意な断片をピックアップし、それらをつなげ、彼らに見える世界を提示してくれた。それらはばらばらだったり、ちぐはぐだったりする。重なり合い、一致していることもあれば、付き合わせてみるとこんがらがってしまうところもある。でも、素材はいいものばかりだし、因果の導火線もしっかり押さえられている。

今、求められているのは、彼らが提示したデータ群を突き合わせ、照合し、何が起きていて、何を解決すべきなのかを一つの図案として提示することだろう。たぶん、もっとも大事なのは、世界に向かって何度も何度も、執拗に問い尋ねることだ。いったい世界は今、どのように語られることを望んでいるのだろう？　世界の悲鳴は、どの方向に耳を傾ければ聞こえてくるのだろう？

わからない。できるのは、聞き違えることがないよう耳を研ぎ澄ますことだけだろう。そして、か細い声を代弁するのと同じように、言葉になる手前のかすかな叫びをとらえ、それを言葉にして伝えなければならないのである。

たぶん、いや、間違いなくと言い換えなければならないが、それこそ二一世紀の知識人に課せられた最も切迫した役割である。

2.「世界＝本」を守ること

古代の戦争において、図書館を焼くことは、敵国の文化を根こそぎ破壊する行為だった。代表的なのはアレキサンドリア図書館になるだろうが、たび重なる破壊のため、古代人の叡知の大半が世界史から完全に姿を消した。中国の秦の始皇帝が大規模な焚書をおこなったことも有名な逸話だ。彼は秦を除く他国の歴史書すべてを焼き払えと命じたそうである。ナチス・ドイツがマルクスやハイネなどユダヤ系の著者の作品群を焚書の対象に選定し、大規模に燃やした例も有名だ。彼らは学術書や文学のみならず、美術品も「頽廃芸術」に指定して、多くの美術家を迫害し、いわゆる前衛芸術を世界から放逐しようとした。

昨今では過激組織タリバンがいわゆる偶像崇拝の禁止を楯にして、バーミヤン渓谷の巨大な仏像を破壊した。岩石に彫られた仏像がダイナマイトで無残にも破壊される映像を覚えている読者も多いだろう。石像や寺院などのモニュメントを破壊する行為も文化（特に他者の文化）に対する攻撃であり、侮辱にほかならない。いわゆるイスラム国が破壊した世界遺産は数知れない。シリアのパルミラ遺跡はめちゃくちゃにされたし、イラクに広がる古代アッシリアの遺跡群も重機によって破壊し尽くされた。彼らの破壊はとどまるところを知らず、ある地域を侵略するとすぐにその都市の象徴的な像や遺跡、モスクなどを破壊し、図書館に火を放ち、蔵書を盗み出しては闇マーケットに投げ捨ててゆく。図書館やモニュメントの破壊、焚書などは、他者の文化を蹂躪するだけでなく、人類が築いてきた遺産を世界から葬り去り、無に帰す破壊なのだ。

文化遺産の破壊は、人類の記憶に対する冒瀆であり、露骨なまでの侮辱にほかならない。そうであるがゆえに破壊行為の映像や写真は全世界に一大スキャンダルとして報道される。しかし証拠映像として全世界に流されれば、それがテロ組織にとっては恰好の広報活動になる。彼らが金を払わなくとも、通信会社や報道機関が勝手に宣伝してくれるのだ。つまり、テロ組織が不埒な行動におよび、乱暴狼藉を働けば働くほど、その活動はキャンペーン活動に似てくるのである。彼らは破壊というかたちで世界的なＰＲ活動を行なっているのである。偶像崇拝の禁止が建前でしかないのは、目的の在り処がちがっているからである。

ほかにも目に余る愚行は存在する。絶滅に瀕した動植物の惨状を目にし、保護に乗り出した人の輪の外から、絶滅寸前の動物をハンターたちが狙っている。ハンターたちの動機は精力増強の漢方薬の材料だったり、美食家の垂涎の的だったりする。金持ちの縁起かつぎとして貴重なサンゴ類が根こそぎ採られることも珍しくない。こういった情報を聞くにおよぶと、人間など滅びた方が地球のためによいのかもしれないと思ったりもする。

しかし、そうやって人間を否定し、人間の死を願うとき、世界が最悪の状態に陥るのは間違いない。先に言及したように、死を願い、殺戮に走る道は、そのまま滅びの道に通じている。未来の世界を守ろうとするなら、過去の人間の歩みを肯定し、守ってゆく必要がある。人間の「知」の歴史を誇り、大事に抱くことによってこそ、最悪の道を避けることができ、また打開策を人智に求め、また未来の歴史を紡ぐ動機にもなってゆくからである。

「知」をあきらめたら、間もなく未来も消えてなくなるだろう。そのような危うい綱渡りを現代人はしていると自覚しなければならない――と呟く声はほとんどの人には届かないだろうが……

それゆえ、もっとも残酷な知にこそ、もっとも大きな悦びが宿ると信じることにしよう。

あとがき

ややトリッキーなタイトルについて。

「起死回生」は祈りをこめた言葉である。どんな祈りなのかはすぐに明らかになる。「読書」により最初に起死回生を遂げるのは、まちがいなく個人だろう。しかし、個人の回復がそれのみで完結することはない。一人一人の力量が向上すれば、当然ながら社会や国家にとっても知的リソースの回復や増強につながってゆく。となれば、個人の起死回生が社会の起死回生に通じ、はては人類の行く末にもつながってゆくかもしれない。一気に飛躍しすぎのように感じられるが、一時期よく言われたように、蝶の翅《はね》が引き起こす大気のゆらぎが全世界の気候変動につながり、大災害や株価の暴落につながることもありうる。そういった、ちょっと眉唾だけど、まことしやかな話がほんとうのまことであれば、一人の人間が変わることで全世界の変革につながることは、蝶が起こした風のそよぎよりもずっと高い確率で起こるのではないだろうか。

本書の祈りはその小さな可能性に捧げられ、本書の期待はその可能性が大きな結果をともなうことに賭けられている。

最初に「あとがき」を読むタイプのあなたは、今、ある疑問が脳裏を駆けめぐっているかもしれない。

どうして「読書」なんだろう、と。表紙の「読書」のやや奇妙なデザインからも、勘のいいひとなら察しがついているかもしれないが、「読書」の二字は「読む」と「書く」の二つの行為を一つにつなぎ合わせたものである。読む以上、その対象は書かれたものに決まっているから、わざわざ「書」をつけ加える必要はないはずだ。書道の作品を意味する「書」に至っては、はたして読みものかどうかすらあやしい（あれは観たり眺めたりするものだろう）。「読書」の二字は、それゆえ読むことに尽きるのではなく、それ自体としての「読み書き」であり、ひいては「読むこと」と「書くこと」というふうに分解し、切り離して考えることも可能なのである。

つまり、本書のタイトルは、私たちの生きる複雑怪奇な時代を前に、読むことと書くことの意味を原点に帰って再考する態度を含意している。

読書、つまり読む行為の連鎖が可能になるためには、読むことに徹していた者たちがやがて書くことに転じ、読むに値するものを書くようになる必要がある。読書の慣習が次世代に継承され、読書人の連鎖が長く延びるにしたがい、「本」が本来もっていた力を取り戻すことができるだろう。本の力とは、端的に言って「世界」を提示する力である。今や複雑すぎて世界のすべてを一望に披露しうる視点はない。しかし、すぐれた本は小さな生き物の世界であれ、一人の人物が見てきた世界であれ、必ず一つの世界を私たち読者に提示する。それらはどれも例外なく私たちの視野を押し広げ、新たな世界を教えてくれるものだ。本がたくさんあるということは、それゆえたくさんの世界が広がっていて、読者が思い思いのパノラマを描くようになることが可能だということである。

世界の諸相が悲しみに満ちているとしても、悲しくて苦しい出来事を知らないよりは、知っていた方がよろこばしい。なぜなら、知らなければ束の間の快楽にうつつを抜かしてその日が暮れるかもしれないが、知れば少しは真面目な気持ちになって、なんとかしようと考えはじめるかもしれないからである。それゆえ、「起死回生」の一語は、他者の苦境を知ることにより、私たちの身に迫りくる運命の悲劇からの方向転換をも願っているのである。

本書のキーワードに「ティッピング・ポイント」という言葉がある。このところ、よくみかけるようになった。本書で取り上げた本に『ティッピング・ポイント・フォー・プラネット・アース』という、人間に対する罪状認否を叙事詩にしたような作品があるが、その本を読んでいると、人間が自分たちの活動によって、じわじわと自身を壁際に追いこんでゆくイメージばかりが脳裏に焼きついてしまう。だから、ティッピング・ポイントも単なる「転換点」というより、二度と後戻りのできない分かれ道であったり、あるいは「破滅か延命か」の運命の分かれ道と言ったほうが伝わりやすいだろう。私たちは時計が刻むチックタックという音に合わせて前に進むことしかできないが、その道は進んだら最後、振り向くことさえできないよう、背後が闇に包まれた分水嶺だったのである。

ふと足元を見る。たぶん昨日と何も変わっていないだろう。いや、長い目で見れば、確実に何かが変わっている……。私たちは今、歴史のどの辺りにいるのか？　終わり？　真ん中？　誰にもわからない。まちがった道を選んだのかどうかは、あとになってみないと誰にもわからない。個人の人生も社会の命運もその点は変わらない。すでに危険な岐路に足を踏み入れてしまったのか、あるいはまだ目には見えないけれどもすでに絶壁の近くに追い立てられているのではないか。

道標もないし、目印もない。あとになれば火を見るより明白なのかもしれないが、今の私たちには、自分の行動や立ち位置を歴史を振り返るようにして見ることはできない。誰も自分の今日の作為や明日の無作為に対して歴史の審判をくだせないということだ。

にもかかわらず、私たちにはそのような不可能な視点から今後の行動を決定するよう求められている。理由は、不吉な予兆が無数にあり、年を経るごとに増えているからである。止めようにも止められない脅威は日々増えるばかりだし、今後も新たにつけ加わってゆくだろう。

本書では以上の悪しき兆候のなかでただ一つ、人口増加だけ取り上げた。私たちを破局に追いこむ要素のすべては人間に起因するが、それらの要素を突き動かし、変動させる要因（つまり「人間」だ）の核心部に、おそらく人口問題がある。人間は恒温動物のなかでもとりわけコストのかかる生き物だ。ただ生きているだけでも相当量の飲料水が必要だし、大量の食料がないと生きていけない。ましてや数が増えるにつれて広大な土地（大地）に依存するようになる。文明化の規模が大きくなればなるほど大規模なエネルギー施設に依存せざるをえなくなる。これらの観点からみても、人口の急増はあらゆる危機要因に対して、破局への道を一挙に加速させるエンジンとなっている。

読了された読者は、本書で提示された解決策がきわめてソフトであり、気の長い道程だと感じられたろう。もっと手っとり早い方法があるはずだと感じられたあなたは、きっと破局を促進する血腥い手段を選ぶことになる。そういう短絡的な結論に到らないためにこそ、一人になって本を読み、じっくり考えなければならないのだ。

読書は個人的な体験である。本書の出発点は、その個人が衰退し、近代のあだ花になりつつあるという現状認識にあった。それゆえ、読書の復権を願うことは、同時に個人の復権を叫ぶことにつながってゆく。本書の前半は「読むこと」に重点が置かれ、後半になるにしたがい、力点が「書くこと」に移ってゆく。しかし、全体の通奏低音は「個人であること、または個人であるとはどういうことなのか」という問題につらぬかれている。

近代が創出した「個人」とは、いかなる拠り所もなしに、独りで考え、読み、書き、発言する者のことである。カントは「学者」と言い、サイードは「知識人」と呼ぶが、いずれの論者も「教師」や「専門家」を想定せず、むしろ私人やアマチュアを想定していた。街ゆく人々がそれぞれ独力で考えはじめ、自由に発言をはじめるとき、彼ないし彼女は「学者」となり、「知識人」となる。

個人は、独りで読み、考え、発言しながら、「自己」という研磨の対象を発見し、正しい自己であるよりも、美しく、かっこよい自己を作り上げるべく努力を始めるのである。晩年のミシェル・フーコーが到達した「自己」の概念によって、科学や思想にふれる営みは、心身の調子を気づかい、ファッションに気を配る態度とダイレクトにつながった。文章や衣服がかっこよいのはもちろん、本人がもっとかっこよいほうがなお望ましい。かっこわるい文章はかっこわるい服装と同じくらいかっこ悪いのだ。見る人が見れば、文章のよしあしは一目瞭然であり、へたくそな文章は音痴の独唱や初心者のバッティングフォームと同じくらいかっこ悪い。精神衛生上、そういうものに近づかない方がいいが、たまに大勢の人々が最低の文章に群がっているのを見かけることがある。そういうときこそ、つくづく思うのだ。何より文章のセンスを磨いて、目にした文章のよしあしくらいは一目でわかる人間に育てなければならないな、と。

教師や大人は、ある程度まで子どもを教育し、指導することができる。しかし、肝心なことはみな、独りきりになって、ゼロから身につけなければならない。そうしないと自分のものになってくれないスキルがあるということだ。

わかったら、あなたの街の本屋がつぶれないうちに本棚をすみずみまで見ておくことだ。本が世界への窓である以上、本の衰微は同時に世界の衰微でもあり、書店の大量絶滅は、たぶん私たちの不吉な運命を暗示しているのだから。

とはいえ、このようなテーマで本を書くとは実のところ、夢にも思っていなかった。読書という課題は、言視舎の杉山尚次氏からいただいた。書き進めているうちに、同時進行で進めてきた『絶滅の地球誌』（講談社）と呼応する内容の本に育ってしまった。どちらも読まれた読者には、二冊の本が内容を異にしていながら、補い合う関係にあるのがわかるだろう。私にしてはめずらしくどちらの本でも楽観的な結論に至っているが、それは二つの楽観主義が据えられている状況がそれだけの窮状を呈している証拠だろう。

個人的には「人間」という生物に嫌悪感を抱き、絶望すら感じているが、しかし、その人間に希望を託さなければならないのは、さもないと、この星が間もなくバクテリアとウィルスしかいない岩のかたまりになってしまいかねないからである。

なにが災いするのかはわからないが、最終的に人間がいなくなるのは仕方がないとしても、次世代の大型生物にバトンを渡す程度には地球を生命のみちる星に保っておきたいではないか。

※本書は平成二十八年度明治学院大学学術振興基金補助金を得てなった。

※本書は第四章と第五章三節（初出「価値自由の現在形」『現代思想』二〇一五年二月号）をのぞいて書き下ろし。

澤野雅樹（さわの・まさき）
1960年生まれ、明治学院大学教授。専門は社会思想、犯罪社会学。主な著書『癩者の生』（青弓社）『記憶と反復』（青土社）『数の怪物、記号の魔』（現代思潮社）『ドゥルーズを「活用」する！』（彩流社）『絶滅の地球誌』（講談社選書メチエ）ほか多数。

編集協力………田中はるか
DTP制作………勝澤節子
装丁………山田英春

起死回生の読書！——信じられる未来の規準

発行日❖2016年11月30日　初版第1刷

著者
澤野雅樹

発行者
杉山尚次

発行所
株式会社言視舎
東京都千代田区富士見2-2-2　〒102-0071
電話03-3234-5997　FAX 03-3234-5957
http://www.s-pn.jp/

印刷・製本
中央精版印刷㈱

ISBN978-4-86565-069-3 C0036